书清
系玩

笔墨纸砚
书斋雅物

邹涛 著

上海书画出版社

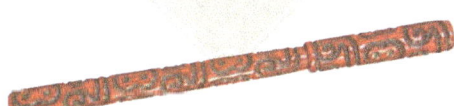

图书在版编目(CIP)数据

书斋雅物：笔墨纸砚 / 邹涛著. -- 上海：上海书画出版社，2016.3
（清玩书系）
ISBN 978-7-5479-1198-3

Ⅰ.①书… Ⅱ.①邹… Ⅲ.①文化用品-介绍-中国 Ⅳ.①K875.4

中国版本图书馆CIP数据核字(2016)第038582号

雅室清赏——笔墨纸砚

邹　涛　著

责任编辑	朱艳萍　杨少峰
审　　读	曹瑞锋
责任校对	郭晓霞
封面设计	品悦文化
技术编辑	包赛明
出版发行	上海书画出版社 中国图书进出口上海公司
版次	2016年3月第1版
书号	ISBN 978-7-5479-1198-3

谈邹涛的文玩研究

——兼谈该领域研究进程（代序）

西岛慎一[1]

邹涛从 2009 年 1 月开始在日本东京的书法杂志《书海》连载"中国书画篆刻漫笔"至今已八年有余，连载亦达六十期。得知他欲将漫笔的部分内容汇集成《书斋雅物——笔墨纸砚》与《雅室清赏——文房杂项》两书出版，作为文房爱好者，也是邹涛多年深交之友人，谨以此序文为祝。

文房至宝首属笔墨纸砚，邹涛对此领域的研究极深，比如墨一项，从介绍出土的历代墨、年号墨至近代名家墨，进而延伸至濡翰，堪为美谈。四宝之外，他对与之相关的各种文玩研究也广泛而深入。诸如水注、笔筒、砚屏、臂搁、墨床、笔床、笔格、书镇、印泥、印盒、香炉、茶道具、古琴、奇石等等，不止于浅显解说，文中运用大量历史文献及考古出土来考察沿革及用途，引人入胜。

（1）西岛慎一，日本二玄社原总编，著名书法文化研究家。

关于石印材、玺印，以其作为篆刻家的经验为基础进行了极为详细的记述。其中对新石巴林石的介绍，恐怕是迄今为止最详细的。

邹涛介绍文房四宝时与书画名家的相关论述颇为精彩，对邓石如、赵之谦的论述独到，而尤为精彩的是论及吴昌硕的各篇，内容丰富并提出了诸多问题。

前些年，日本公开了私人收藏的吴昌硕致其友人沈石友的尺牍188页，据此内容，邹涛发表了吴昌硕《西泠印社记》是否为沈石友代作的文章，而且从该尺牍判断出吴昌硕的诗文也有沈石友的代笔等事实。

这些问题的提出皆源于邹涛实事求是的学术精神。因此，我认为他对古玩的研究绝非兴趣上的玩物丧志，而是以科学的态度讲解并升华之，实在可喜可贺。

余负责二玄社书画出版时，参与过《古名砚》（五册）的编撰。1974年至1976年间，从中国流传到日本的大量古砚中选择了347方，按原大尺寸采用了正面彩色、背面和侧面黑白方式印刷，无论在日本还是中国，这种综合性古砚图录在当时尚属首次。当时最令人伤脑筋的是如何断定古砚的年代。比如端砚，标明为宋坑、老坑水岩、大西洞、水归洞等等，这些都是材质的问题，与年代并无关联。当时日本对砚的研究水准颇有局限性。

《文物》杂志辟出"砚史资料"专栏连载古砚图版24期（1964-1965），由王冶秋编写，开篇有"刊登砚史资料说明"，之后每期介绍刊载两至四方古砚，合计刊约八十方。其中有关陶砚刊出有"虢州法造闰金砚子"铭文的砚背，对虢州澄泥砚有了直观的认识。

王冶秋对古砚时代的断定是基于考古发掘，我当时预感到对于古砚的时代断定必将使用这种方法。此后，中国陆续出版了古砚的相关图录，《天津市艺术博物馆藏砚》（1979年，文物出版社），《紫石凝英·历代端砚艺术》（1991年，香港中文大学文物馆），《首都博物馆馆藏名砚》（1997年，北京工艺美术出版社），《中华古砚》（1998年，江苏古籍出版社），《中国古砚·上海博物馆藏品研究大系》（2012年，上海人民美术出版社）等皆为我书斋插架。其中的《中华古砚》为各地博物馆古砚集大成图录，所刊载砚的时代比对都明示了"尊重提供单位及撰稿人的意见"等编辑方针。这表明关于古砚的研究方法在中国尚无令人信服的统一标准。比如，首都博物馆的纪昀旧藏绿石砚，在《首都博物馆馆藏名砚》和《中华古砚》中均有刊载，纪昀分别刻铭称"端溪绿石上品"并"审定宋砚"。该砚1970年为康生所藏，康生推翻纪昀鉴定，刻铭改为"洮河绿石"。从印刷图版可见该砚的石质呈现出洮河绿石的特征，但康生并未阐明定其为洮河绿石的理由。将宋砚改定为明砚，或许是因其雕琢特征吧。

《中国古砚》是上海博物馆研究员华慈祥从馆内所藏数百方古砚中挑选出来的研究性图录，它将汉晋到宋代出土的大量古砚与传世砚相对照，以此界定时代，华慈祥提出了比王冶秋的研究更进一步的客观性评定方法。针对元明清的传世砚，也从材质、雕琢、砚铭等方面综合性判断时代。这与邹涛的古砚研究手法相近，我认为这是迄今为止最稳妥的研究。

台北林伯寿的《兰千山馆砚谱》为林熊光（朗庵）所编，林熊光在该砚谱序文中提到砚的"三美"，即砚石之美、雕琢之美、先贤铭刻之美——古砚鉴赏三要素。他主张古砚鉴赏应遵循这三要素。《西清砚谱》、纪晓岚《阅微草堂砚谱》、高西园《砚史》、沈石友《沈氏砚林》、邹适庐《广仓砚录》等都是以砚的"三美"为基准编辑的。林熊光列举这些先例进而说明自己于《兰千山馆砚谱》也基于此"三美"。

"三美"中的砚石之美和雕琢之美是所有砚台必须具有的，唯先贤铭刻之美却为绝大部分砚台所无。《兰千山馆砚谱》不选编无砚铭者，也可看出其审美意识之坚决。

无论华慈祥的方法论还是林熊光的鉴赏态度，依然存在诸多不确定因素，因此，今后的古砚鉴赏和研究还有许多难以逾越的鸿沟。

对于印材的鉴赏进行系统性论述恐怕难于古砚，砚的"三美"基准并不完全适用于印材。印材本身的材质美容易成为鉴赏的标准，与宝石审美相近。若想避免这类矿物标本性质的鉴赏，仍需采用重视时代和人为因素的鉴赏方法。希望端溪的宋坑、老坑、大西洞等有材质特色的时代感判断法也可以运用到印材鉴赏上。

与砚、印材相比，笔、墨属于消耗品，对于鉴赏史来说实属遗憾。但是在书体的发展以及书风的展开上，笔、墨、纸却发挥着不可缺少的重要作用。苏易简《文房四谱》独树一帜，将此文墨四宝整理归纳，做了系统性论述。明代曹昭的《格古要论》当为此方面最严谨的著作，曹昭对这些文房雅玩不拘泥于爱好，而是作为书画制作的用材进行整理，进而系统性论述。文房雅玩在此拥有了积极意义，将生活提升到涵养的世界中。

畏友邹涛研究中国古玩并开始著述已二十载有余，他不把笔、墨、纸、砚、印材以及其他文玩作为一个个独立存在看待，而是作为文墨世界、文玩爱好来综合性把握、研究之，因为他把这些文玩雅品与书画创作紧紧地结合到了一起。我从他这里感觉到了与苏易简、曹昭同样的态度，拥有学术视点，并以学理的方法为基准。就砚而言，他是王冶秋砚史资料研究方法的忠实继承者。

与书画创作相关的文房雅玩，经邹涛重新整合，必将成为书画爱好者的必备文献。通过本书的发行，该领域的鉴赏将获得新的发展。期待它作为当今该领域的第一手资料而受到读者的欢迎。

目 录

谈邹涛的文玩研究——兼谈该领域研究进程（代序） 西岛慎一　　1

令人向往的文房及文房雅玩　　1

说　砚

　　其一　端砚　　9

　　其二　歙砚　　34

　　其三　洮河砚、澄泥砚　　45

　　其四　其他　　55

说　墨

　　其一　墨的简史　　68

　　其二　墨的种类、厂家　　82

说　笔　　92

说　纸　　111

附　录　九松园提供藏品目录　　136

后　记　　137

令人向往的文房及文房雅玩

经过天翻地覆的时代变迁，我们其实已经对"文房"很疏远了。没多少人知道真正的文房，既不知道它应该是个什么样子，也不知道它应该具有些什么含义，更不清楚文房内应该摆放些什么。无论盖别墅还是住洋楼，几乎清一色不会单留一间"文房"，即便是当今的艺术家，抑或"文豪"们，更不用说土豪了。曾见过有单隔一间电脑房的，也有单独一间西式书房的，但基本上见不到传统文人所应该拥有的文房。艺术家们仿照西方式样，建造了宽广的创作室或工作室，但那不是文房，这大概是如今的现实。

文房，应该是"文人[1]"读书、文玩清赏之所，或者称之为文人书斋。这跟"西式书房"有什么区别？有！西式文房，摆满书架，藏珍各类图书，从天花板到墙根，摆满大部头书籍，墙上偶尔挂着一张油画，多半是主人的肖像画，这种场景在西方电影或电视里多见。然而，我们传统的文房，也会有书架，但文房内更多的并不是书籍，而是文

---

[1] 文人，是相对"武夫"的概念。周代有六艺：礼、乐、射、御、书、数，其中射、御为武，而其他皆为文。立国，需要武，治国则主要依靠文。因此，历来，文人多于武夫。而理想，则是文武双全。我们现在意义上的文人概念，大约始自五代，南唐皇上的爱文情节，开后来文人雅玩之风。

房四宝以及相关的文玩摆件。在我看来，我们传统意义上的文房，比西方的书房要高级得多，要丰富、多彩、用途多得多。准保有人问，你觉得我们的文房应该是个啥样子？

清静优雅的一室之内，布置有紫檀、黄花梨书桌，桌上摆有佳砚，最好是端溪佳砚，特别是老坑大西洞的佳石，或者歙砚名品等等，砚石刻有宋元明书画名家砚铭，也可以是康熙、雍正、乾隆御题，或者朱彝尊、金冬心、纪晓岚、刘石庵、高凤翰、阮元、伊秉绶、吴昌硕等等名家砚铭，旁边明代翡翠或和田白玉墨床上放着罗小华、程君房、方于鲁所制墨，或者明代宣德、嘉靖，清代康熙、乾隆御墨、贡墨。汉铜鎏金文镇（席镇）、宋元明清白玉、墨玉神兽镇压着南唐澄心堂纸，宋代藏经纸，元代明仁殿纸，明代宣德内府用绫或其他花绫，御制宣德笺，清代乾隆仿澄心堂纸、仿金粟山藏经纸或者仿薛涛笺等等，白玉笔架、乾隆掐丝珐琅缠枝花卉笔山上搁着宋元或大明宣德年制、大明嘉靖年制雕漆鼠须笔，或者乾隆斑竹管象牙斗紫毫笔，案头朱三松、吴之璠、周芷岩等名手刻竹笔筒，明代沉香笔筒、紫檀黄花梨笔筒，或者康雍乾官窑青花粉彩笔筒，插着大小湘妃竹管佳笔，边上配以宋汝窑或乾隆仿汝窑、官窑笔洗，紫檀博古架上供有先秦钟鼎彝器；宣德炉中点着越南奇楠香；墙边紫檀书架，黄花梨多宝阁，陈列唐宋拓本，明代轴台上盛着宋元书画名品，或者文徵明、徐渭、董其昌、王铎、八大山人书画手卷、册页，窗前花台上的元青花花盆养有"素心"兰花一丛，墙角配以灵璧石、太湖石、英石，窗外修竹数丛，随风摇曳，或隐或显。主人端坐其中，品佳茗、读古书、赏名画，眉批、题跋，与先贤对话，其乐无穷。

太过奢侈！这哪是文人所该拥有的文房？分明是皇家御物！我等以毕生之力，能求得其中几件宝物？真是梦想！不，我等文人不能没有理想。

早有南唐列祖李昇的澄心堂，近有乾隆皇上的三希堂^(图一)，当区别于当前艺术家们的工作室或者西方艺术家所谓的atelier。因此，房间可以不大，却要求雅致、清静，最好窗外有松、竹、梅，若能依山傍水，则更是求之不得。

澄心堂乃千年前南唐旧物，仅剩传说，而无人可描绘出其中景象。三希堂则在北京故宫养心殿内，有两小间，正室宽240厘米，长290厘米，高226厘米，从故宫的角度看，或者从天子的角度看，可谓"极小"。当然，三希堂乃养心殿一部分，近邻西暖阁等等，再说普天之下莫非王土，故宫任其使用，天下任其使用，则又不在本文范围了。

当代不可能再建造养心殿，即便是巨富，也无法达到。因此我们也不可能以三希堂为标准。房间宽窄尽管可以不计，所谓：室雅何须大！但如果允许，则文房总希望能有个二三十平方米，且近邻工作室。至于工作室，则尽可能大，毕竟当代创作往往是巨制，需要有相对较大的创作空间，而文房总归不能当作创作室来用。

到底如何布置文房？或者说，今日之"文房"里面都应该有些什么？却是个大命题。

在笔者看来，房中首先得有张不必很大但古朴典雅的书桌、座椅，紫檀、黄花梨贵极且难找，老红木、鸡翅木、花梨木尚能觅得。明代紫檀、黄花梨桌椅乃是天价珍稀宝物，清宫家具民间亦尠，清代、民国年间苏式、粤式桌椅之简古者也当令我等满意矣。文房有古桌椅，坐于其中，或能神驰古昔，"与古为徒"。此为文房"硬件"，最重要的当然是"软件"配置。

首先是"文房四宝"：笔、墨、纸、砚。这一概念，大概要追溯到南唐。列祖李昇建澄心堂，奖励造纸，生产出了史上著名的"澄心堂纸"，后主李煜命易水奚廷珪制佳墨，赐李姓而更名李廷珪，成为制墨宗匠。又命李少微任砚务官，开采歙州佳石，督制官砚，再加上笔匠吴伯玄所制笔，成为"南唐四宝"，开"文房四宝"之先。南唐亡后，宋人承继南唐优良，多有南唐官吏仕宋，开大宋文化风尚。其中入仕大宋的

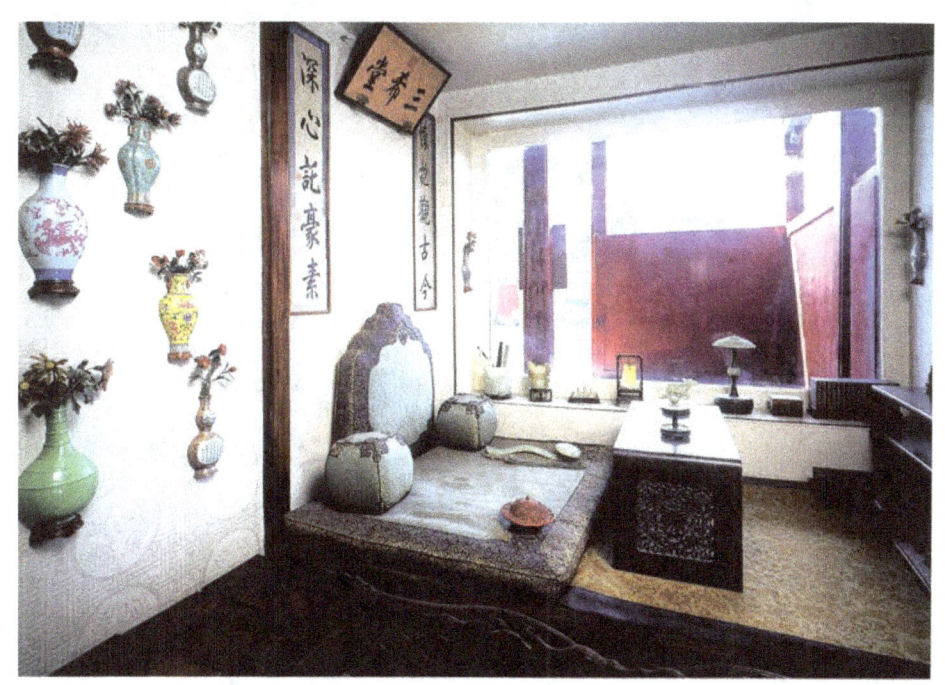

图一　北京故宫三希堂内景

苏易简所著《文房四谱》，对大宋文人文化发扬起到催化剂的作用。

宋代文人好藏砚。苏易简著《文房四谱》特别强调说："四宝砚为首，笔墨兼纸，皆可随时取索。可终身与俱者，唯砚而已"。东坡诗有云："我生无田食破砚"。米芾更著有《砚史》，且有佳话、传说种种。宋·何薳《春渚纪闻》记载：宋徽宗召米芾写字，米芾看到皇帝桌上有名砚，米芾一写完字，就抱上砚台跪请曰："此砚经臣濡染，不可复以进御，取进止"。让皇帝把砚台赐给他，皇帝答应他，便急着把砚台抱回。《志林》记米芾得一砚山而抱眠三日。清宫旧藏后流入日本的米芾《砚山铭》，2002年北京中贸圣佳拍卖会上曾以2999万的高价定向拍卖给了北京故宫博物院。

南宋赵希鹄《洞天清录》列文房清供十类：古琴、古砚、古钟鼎彝器、怪石、砚

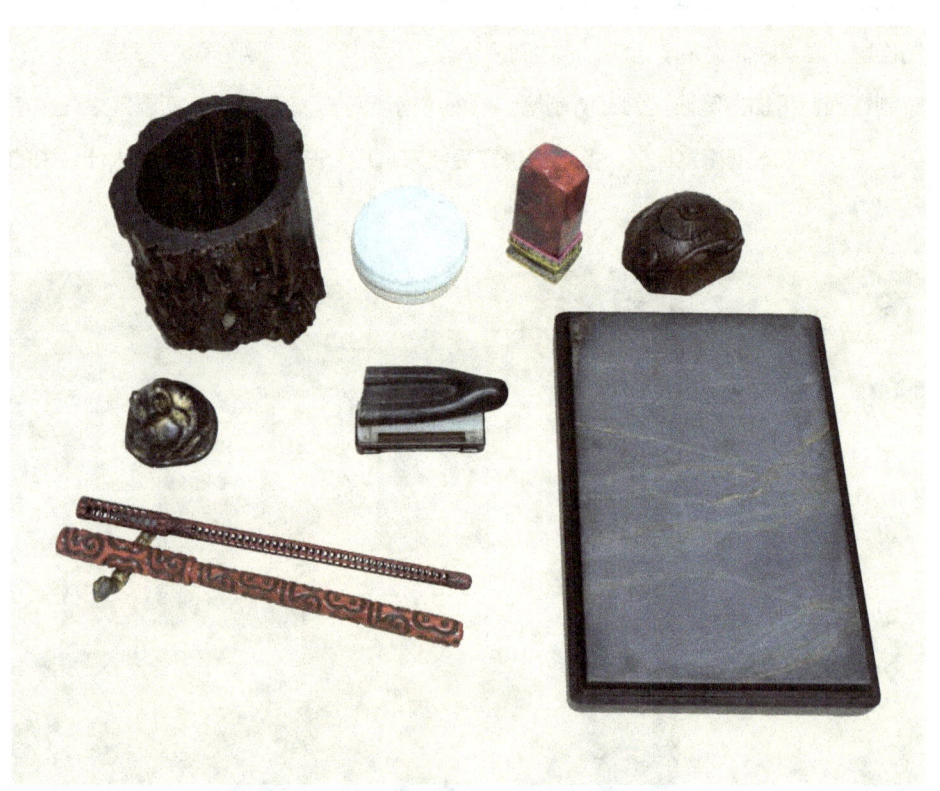

图二　文房雅玩一组（明代沉香笔筒、宋影青印泥盒、昌化鸡血石、竹根雕水注、汉鎏金虎镇、清和田白玉书卷式墨床并仿宋古墨、清张坑端砚、明剔红笔、明藤编髹漆笔、汉铜鎏金蚕形笔搁）

屏、笔格（笔架类）、水滴、古翰墨笔迹、古今石刻（拓本类）、古画。之外，别著有香、茶、纸、墨，合之前十项，计有十四类之多。据此也可看到，书画之外，焚香、煮茶、赏玩怪石也都是宋代文人生活的一部分。

到明代，文房清玩更是兴盛。曹昭著有《格古要论》[2]，尽管书中以鉴定古玩为中心，但对文房清玩作了详细的分类，共三卷十三论。上卷为古铜器、古画、古墨迹、古碑法帖四论，中卷为古琴、古砚、珍奇（包括玉器、玛瑙、珍珠、犀角、象牙等）、金铁四论，下卷为古窑器、古漆器、锦绮、异木、异石五论。与宋代相比，内容大为增加（图二）。

明中期以后，铜器、瓷器、漆器不断师古出新，端溪老坑开采，制墨高手辈出，篆刻、石章的普及等等，文人风尚越来越盛且喜好越来越广泛。文震亨的《长物志》也是一部记载文玩的著名文献，他是"明四家"之一文徵明的曾孙，其洋洋万言的《长物志》共十二卷，综合概述了明代文人清居生活的物质环境，在卷七《器具》中，列入众多的文房用具，计有砚、笔、墨、纸、笔格、笔床、笔屏、笔筒、笔船、笔洗、笔掭、水中丞、水注、糊斗、蜡斗、镇纸、压尺、秘阁、贝光、裁刀、剪刀、书灯、印章、文具等。此外，还编入不少文房器物，例如香炉、袖炉、手炉、香筒、如意、钟磬、数珠、扇坠、镜、钩、钵、琴、剑等。另外在卷三《水石》、卷五《书画》、卷六《几榻》、卷十二《香茗》中，还记载了大量的文房清供，例如灵璧石、昆山石、太湖石、粉本、宋刻丝、画匣、书桌、屏、架、几、沉香、茶炉、茶盏等。

高濂的《遵生八笺》[3]中载有《文房具篇》，书中对文具匣、研匣、笔格、笔床、笔屏、水注、笔洗、水中丞、研山、印色池、糊斗、图书匣、臂搁、笔觇、墨匣、笔

（2）曹昭，活动于元末明初，字明仲，江苏松江人，生卒年不详。《格古要论》成于洪武二十一年（1388）。此书后来又由王佐增补为十三卷，题为《新增格古要论》，书成于天顺三年（1459）。王佐字功载，号竹斋，江西吉水人。主要增补为墨迹、古碑法帖部分，此外新增金石遗文、古人善书画者、文房论、诰敕题跋及杂考等。对原十三论的次序也作了较大的调整。《新增格古要论》的目录如下：卷一古琴论，卷二古墨迹论上，卷三古墨迹论下，卷四金石遗文、法帖题跋，卷五古画论，卷六珍宝论、古铜论，卷七古砚论、异石论、古窑器论，卷八古漆器论、古锦论、异木论、竹论，卷九文房论（新增），卷十古诰敕题跋，卷十一杂考上，卷十二杂考中，卷十三杂考下。

（3）高濂，字深甫，号瑞南。浙江钱塘（今浙江杭州）人。曾在北京任鸿胪寺官，后隐居西湖。他约生于嘉靖初年，创作活动主要在万历前期。所著传奇戏曲为多，有《玉簪记》《节孝记》等。《遵生八笺》乃供闲适消遣、养生玩物之著作，共分《清修妙论笺》《四时调摄笺》《延年却病笺》《起居安乐笺》《饮馔服食笺》《灵秘丹药笺》《燕闲清赏笺》《尘外遐举笺》等八笺20卷（通行本为19卷）。卷14～16为《燕闲清赏笺》，论铜器、瓷器、玉器、书画碑帖的古玩赏鉴，叙述笔墨纸文房器具、香、琴、四时花类、花竹五谱清玩之事。

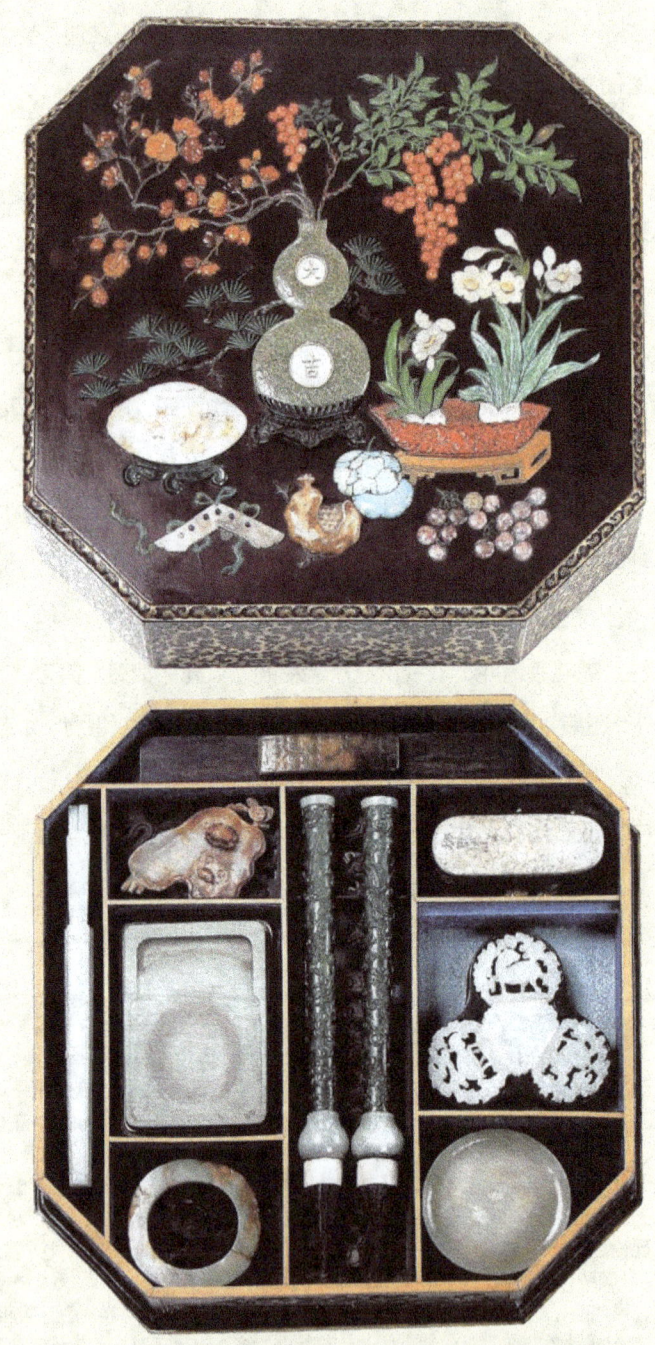

图三 台北故宫博物院藏清乾隆百宝嵌文具盒（文房具一组）

船等都有专文记述，且极为详细具体。最为细致入微的，当是明末屠隆所著的《考槃余事》⁽⁴⁾，文房雅玩用具增至四十五种，更有十五种用笺，详列如下：包括笔格、砚山、笔床、笔船、笔、笔床、笔屏、笔筒、笔船、笔洗、笔觇、水中丞、水注、砚匣、墨匣、印章、图书匣、印色池、糊斗、蜡斗、镇纸、压尺、秘阁、贝光、嵌碟、裁刀、剪刀、途利、书灯、香橼盘、布泉、钩、箫、引尘、如意、诗筒和葵笺、韵牌、五岳图、花尊、钟、磬、禅灯、数珠、钵、番经、镜、轩辕镜、剑，等四十五种，再加笔墨纸砚，总数就达四十九种之多。而纸，又有：书笺、帖笺、画笺、纸笺、墨笺、笔笺、砚笺、琴笺、香笺、茶笺、盆玩笺、鱼鹤笺、山斋笺、齐举起服笺、游具笺等等。许多文具，我们现在也没有那么细分，部分文玩现在很难判别。

如果让我等罗列，实在说，很难列出如此详细清目。且，很难再追加出多少新的文玩珍物种类来。

在清代，文玩的流行与繁荣，基本上是继承了明人趣味，除了文人们精心追求、营造一个窗明几净，赏心悦目的书斋环境外，康、雍、乾三朝皇帝的爱好与推动，也是清代文人喜欢文房清供的一个重要因素。清宫花费大量的人力物力来仿造古代文玩佳器，从工艺上登峰造极，同时，皇上们的喜爱，带动了大臣们的追随，进而民间普及^(图三)。

物件上看，与明末相比，种类可谓大同小异，但时代的变迁，形式的更替，加上皇家气象的影响，器物越来越繁复、豪华。特别是造办处的官造品，极尽奢华。与此同时，清中期以后金石学的兴盛，远古器物的发掘，出土文物开始越来越受到青睐，无论清宫造办处，还是民间作坊，无不把眼光集中到先秦文物。铜器类、竹木牙雕类、玉器类、瓷器类，明代虽有仿制，但清代种类更为丰富。

清中期以后文房雅玩风气普及，而造假之风大兴，至民国时期，造假达到空前程度。新中国成立后，"破四旧立四新"，文房雅玩开始淡出文人视线。确切地说，文人

（4）屠隆（1541—1605），戏曲家、文学家。字长卿，又字纬真，号赤水，别号由拳山人、一衲道人，蓬莱仙客，晚年又号鸿苞居士。鄞县人。万历五年（1577）进士，曾任颍上知县，转为青浦令，后迁礼部主事、郎中。为官清正，关心民瘼。作《荒政考》，极写百姓灾伤困厄之苦，"以告当世，贻后来"。万历十二年（1584）蒙受诬陷，削籍罢官。晚年以卖文为生，怅悴而卒。屠隆诗文，追随王世贞"文须秦汉，诗必盛唐"主张，是"末五子"之一。著有《栖真馆集》《由拳集》《采真集》《南游集》《鸿苞集》等，又精通音律，家有戏班。《考槃余事》等乃其杂著，为当今文人研究、鉴赏文玩之重要依据。

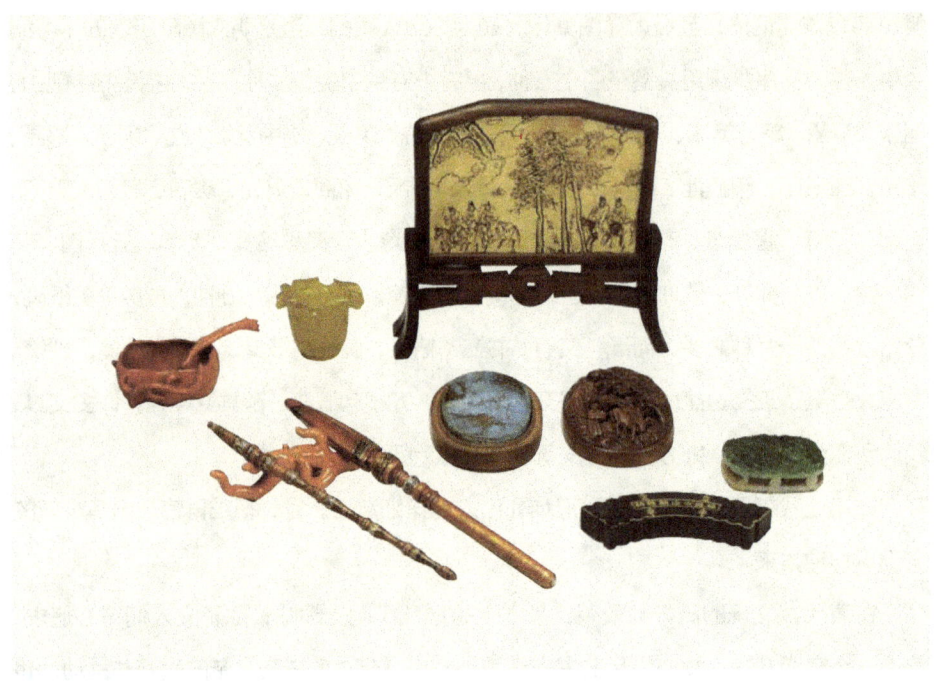

图四　日本有邻馆藏文房具一组

这一特殊阶层本身，在新中国成立后相当一段时间里，得不到重视，且被列为"臭老九"而被打倒。因此，文房清供不再制作，也不再为人爱好。个别好古文人，也是在私下偷偷珍藏，唯恐被没收、毁坏。"文化大革命"期间，各类古旧，不是砸烂，便是没收，破坏之严重，难以言语表达。"文化大革命"结束后，部分珍稀古旧退赔，一切传统文化艺术得到全面恢复，文房雅玩开始不断受到重视。特别是近十年，文人腰间渐鼓，成功的书画家们成为新富，于是，新一代成长起来的书画家们、文人们也开始渐渐把眼光放到了传统文人生活情趣上，开始追寻古人的踪迹。有识之士在拥有物质财富的同时，不断进取，充实精神财富，于是爱古之士日增，文房清供正在成为文人、书画家的新宠（图四）。

　　时代使然，盛世使然。时代之幸，文玩之幸。

说　砚

其一　端砚

宋代苏易简著《文房四谱》，特别强调说："四宝砚为首，笔墨兼纸，皆可随时取索。可终身与俱者，唯砚而已"。这是从实用的角度说的。古人有这样的评论："论文房四宝者，必云笔纸墨砚……惟笔不能耐久，所谓老不中书，纸置久则酥脆，难于使用，墨陈失去胶性，而易于散碎，均难久蓄。惟砚性质坚固，传万世而不朽，历劫而如常，故砚之为留千古而永存者。"这就是说，笔、墨、纸皆为消耗品，随用随减，唯独砚多为石质，尽管研磨过程中也有些许损耗，但文人一生所用，并不能磨穿一块砚石。因而说，砚台是四宝中唯一可以"终身与俱者"。

砚是由原始社会的研磨器演变而来的，又称"研"，古人称之为"即墨侯"[1]。汉许慎《说文解字》云："砚，石滑也。"(图一)与研墨同义。从出土实例看，秦汉有刳石制砚之风。湖北云梦睡虎地11号秦墓出土的石研是比较早的秦代砚台实例，观察可知，砚板以坚石制成，配有研杵，置墨于砚板之上，以研杵研墨。汉墓出土的例子较

（1）宋苏易简《文房四谱·砚谱》载，唐人文嵩曾以砚拟人作《即墨侯石虚中传》曰："上利其器用，嘉其谨默，诏命常侍御案之右，以备濡染，因累勋绩，封之即墨侯。"后遂称砚为即墨侯。

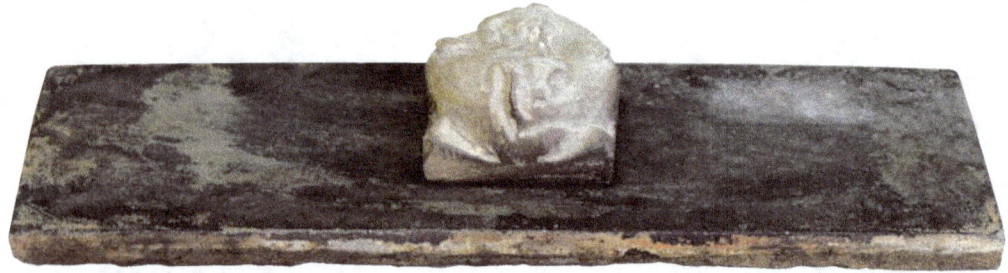

图一　西汉板砚（附螭虎碾子）

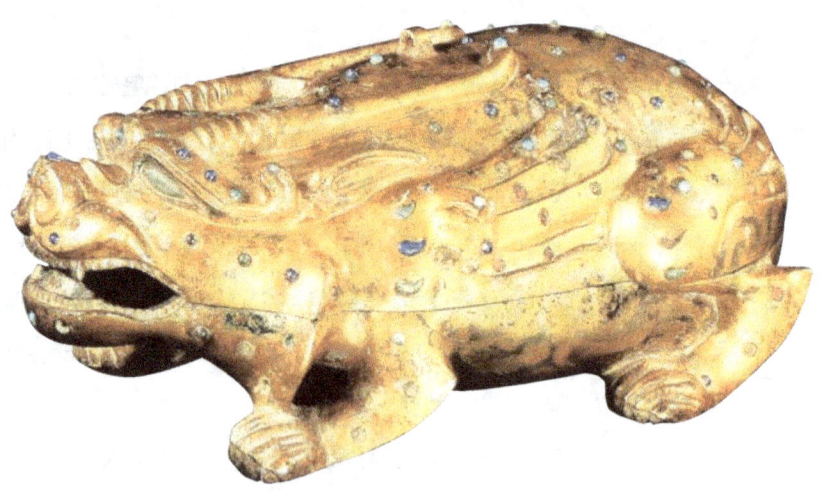

图二　南京博物院藏汉鎏金兽形铜盒石砚

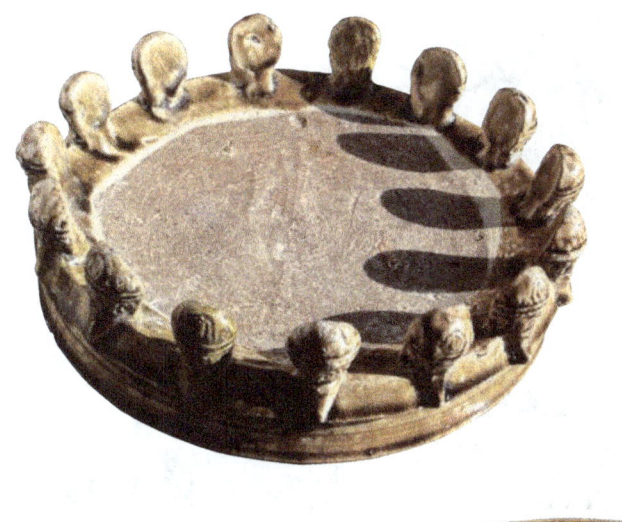

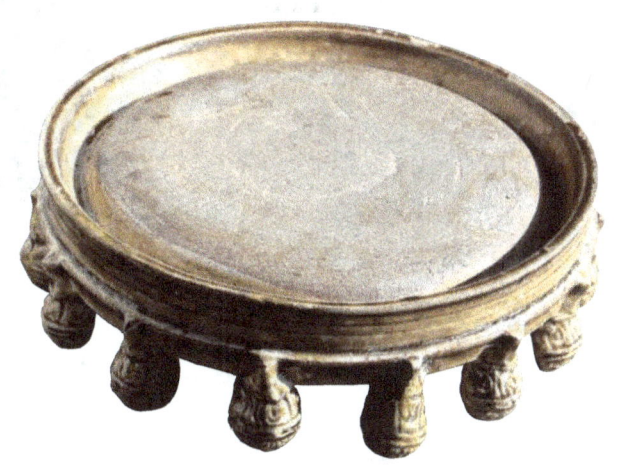

图三　晋多足辟雍砚

多，皆相类（图二）。东汉以后，墨做成了锭状，可以直接研磨，研杵逐渐消失。墨的进化，推动了砚台的发展，砚台的材料也开始多样化。

魏晋南北朝至隋最突出的是陶瓷砚，大多为"辟雍砚"，由三足而多足（图三），也有龟形砚等等。唐代常见箕形砚样式，形同簸箕。宋代好砚之风兴盛，形制多样（图四）。且有仿古砚、藏名砚以及赏砚、作铭等文人雅士风尚。元代砚台基本随宋制，并无时代特色，且有衰迹。明清文化复兴，制砚工艺逐渐由实用转向赏玩，风格由古朴渐趋华丽，并配以砚盒、砚盖。砚盒、砚盖多用硬木，或紫檀，或黄花梨、红木、楠木等等，制作也极考究，文人墨客题诗作铭，刻于砚侧、砚底以及砚盒、砚盖，于是，砚台便

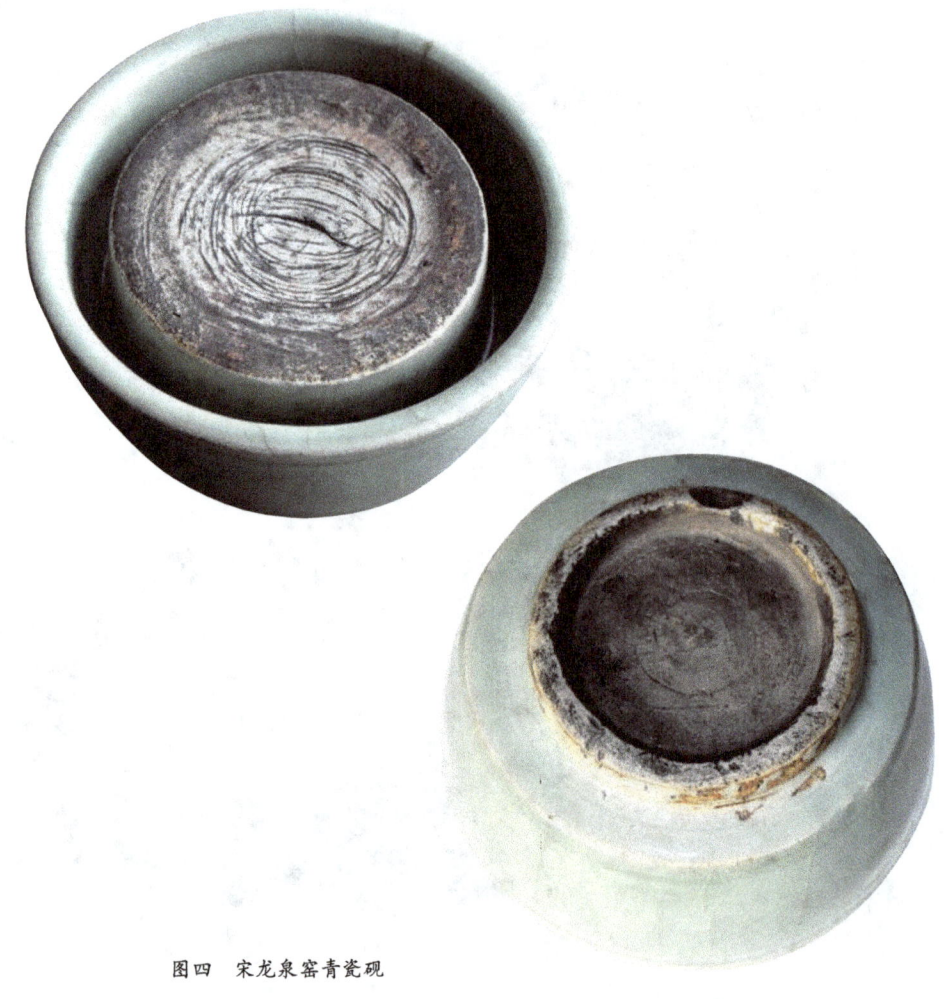

图四　宋龙泉窑青瓷砚

成为集书、画、雕刻、漆艺等多种技艺于一体的精美艺术品。

《西清砚谱》所云，"古今佳砚，固贵质美工良，而鉴赏品题，因人增重"[2]，正是此谓。

进入20世纪后半期，由于社会的飞速发展，日常生活中的书写工具——毛笔被钢笔、圆珠笔、铅笔替代，研墨被墨汁替代，甚至连书写本身，也被电脑打字所取代，砚台的使用价值逐渐式微。不仅是普通民众，即便是书画家们也多数使用墨汁而很少使用砚台，这样，砚台逐渐成为观赏、收藏、馈赠品之列。由于砚台得不到足够的重视，石质、制作等各个环节，均有粗制滥造之嫌，有量而乏质。因此，如何提高当代砚台

（2）见《钦定四库全书·子部·钦定西清砚谱》卷一，钦定西清砚谱凡例。

的品质，成为今后的一项课题。所幸的是，当代收藏之风兴盛，历代名砚佳石，为好砚家、收藏家们所珍重。名砚、佳砚价格近年来不断飙升。

纵观历史，可以看出，砚台的种类极其多样。总的可分为石质与非石质两大类。非石质的有陶、瓷、澄泥（严格说也属陶类）、铜、银、铁、砖、瓦、漆、玉等等；石质，以端石、歙石、洮河石、红丝石为最著名，世称"四大名石"，另有松花石、艋村石、箕山石、田横石、徐公石、尼山石、紫石、淄石、易水石、燕子石、浮莱山石、蒲石以及各类化石等等，除松花石因其产地在清朝故里（松花江畔），为康熙、乾隆所重，成为清代名贵砚石之一，皇上也常常命制砚台分赐大臣，故宫也藏有不少的精品，其他砚石，不足为贵。

无论历史还是石质、制作乃至文玩价值，笔者以为端、歙均为其中首选。

端　砚

端石制成的砚台，通称"端砚"。端砚产于广东省肇庆市东郊羚羊峡斧柯山端溪水一带，因而又称端溪砚。肇庆古称端州，汉武帝元鼎六年（前111）设立高要县，至隋开皇九年（589）置端州，辖高要、端溪等五县，宋绍圣二年（1095），赵佶受封于端州为端王，元符三年（1100）赵佶继承皇位称徽宗，重和元年（1118）宋徽宗御书"肇庆府"赐守臣，自始端州更名为肇庆。

端砚最主要的产地在端溪水以东的地段，东边集中了端溪最有代表性、最为名贵的老坑、坑仔岩、麻子坑等坑洞。一般说端溪砚，就是指的这几个坑洞所采的砚台。此处绵延十余里，山清水秀，端溪水自砚坑村背山潺潺流出，水清见底，从南向北逶迤曲折注入西江。另有七星岩背后北岭山一带，从东到西绵延近30公里，其中有宋坑（盘古坑、陈坑、伍坑、蕉园坑）、梅花坑以及羚羊峡入口处的北岸山腰的白线岩、二格青等等，也是个大产地。此外，还有羚羊峡以东（属鼎湖区）的沙浦诸坑，此地自明末清初曾断断续续开采过砚石，前人称之为沙浦石，用以制作低档实用的砚台。

端砚始于唐代。清计楠《石隐砚谈》记载："端溪石，始出于唐武德之世。"[3]武德为唐高祖年号（元年为618年），根据此说，端砚问世已有一千三百多年的历

（3）见《石隐砚谈》，台湾艺文版美术丛书三集第八辑，P193。

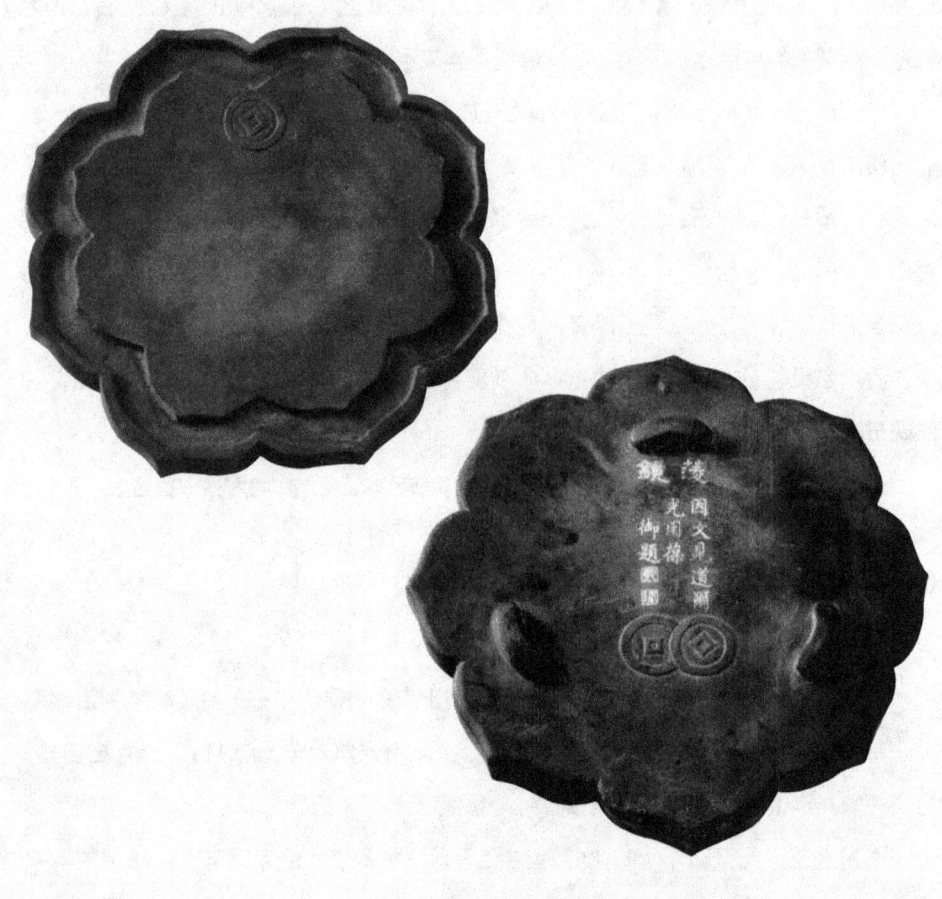

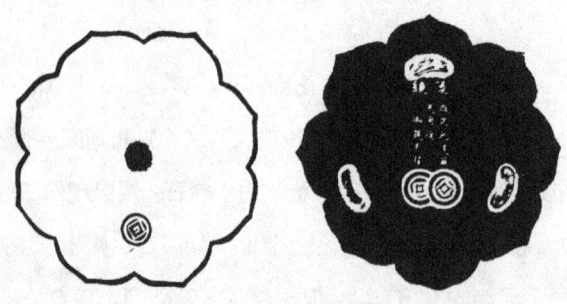

图五　台北故宫博物院藏唐端石镜砚

史了。1965年曾于广州动物园古墓中出土一方端溪抄手砚，定为唐代端砚，实物与文献相印证。又，唐李贺（790—816）《杨生青花紫石砚歌》诗："端州石工巧如神，踏天磨刀割紫云，佣刓抱水含满唇，暗洒苌弘冷血痕。沙帷昼暖墨花春，轻沤漂沫松麝薰，干腻薄重立脚匀，数寸光秋无日昏。圆毫促点声静新，孔砚宽顽（一作硕）何足云。"（4）（图五）

宋代，端砚实用和鉴赏并重。一些文人墨客除了用端砚研墨，还喜爱鉴赏、馈赠、收藏乃至研究。不少人为端砚著书立说，如苏易简（958—997〔一说996〕）的《文房四谱》、唐询（1005—1064）的《砚录》、欧阳修（1007—1073）的《砚谱》、蔡襄（1012—1067）的《砚书》、苏轼（1037—1101）的《东坡志林》、米芾（1051—1107）的《砚史》、高似孙（1158—1231）的《砚笺》、赵希鹄（南宋）的《洞天清录》、魏泰（北宋）的《东轩笔录》、（传）叶樾的《端溪砚谱》、李之彦（南宋）的《砚谱》、杜绾（南宋）的《云林石谱》等等都有关于端砚的专论或论及端砚的篇章。

宋代以来，端砚形制丰富多彩，除了十分重视砚石品质及石品花纹，讲究砚的形制同时亦十分重视雕工（包括题材、立意、构图、雕刻）。据宋《端溪砚史》记载，各种形制有近五十种："砚之形制曰平底风字、曰有脚风字、曰垂裙风字、曰古样风字、曰凤池、曰四直、曰古样四直、曰双锦四直、曰合欢四直、曰箕样、曰斧样、曰瓜样、曰卵样、曰璧样、曰人面、曰莲、曰荷叶、曰仙桃、曰瓢样、曰鼎样、曰玉台、曰天砚（东坡尝得石，不加斧凿以为砚，后人寻岩石自然平整者效之）、曰蟾样、曰龟样、曰曲水、曰钟样、曰圭样、曰笏样、曰梭样、曰琴样、曰双鱼样、曰团样、曰八棱角柄秉砚、曰竹节秉砚、曰砚砖、曰砚板、曰房相样、曰琵琶样、曰日月样、曰腰鼓、曰马蹄、曰月池、曰阮样、曰歙样、曰吕样、曰琴足风字、曰蓬莱样。宣和初，御府降样造型，若风字如凤池样，但平底耳，有四环刻海水鱼龙三神山水池作昆仑状，左日右月星斗罗列，以供太上皇书府之用。（宋《端溪砚史》）"（5）（图六）

明代的端砚，随着赏砚、藏砚之风兴盛，砚工们为了迎合文人雅士的喜好，一方面寻找新的砚材，用力开采老坑，寻求佳石。明代老坑已挖进至大西洞、水归洞，不少优质水岩砚石被开采出来。另一方面，明人多具复古之心与质朴风尚，制砚与其他

（4）见《全唐诗简编》，上海古籍出版社，P1043—1044。
（5）见《（补译）端溪砚史》，吴兰修编、石川舜台译，（日本）二玄社1979年版，P199。

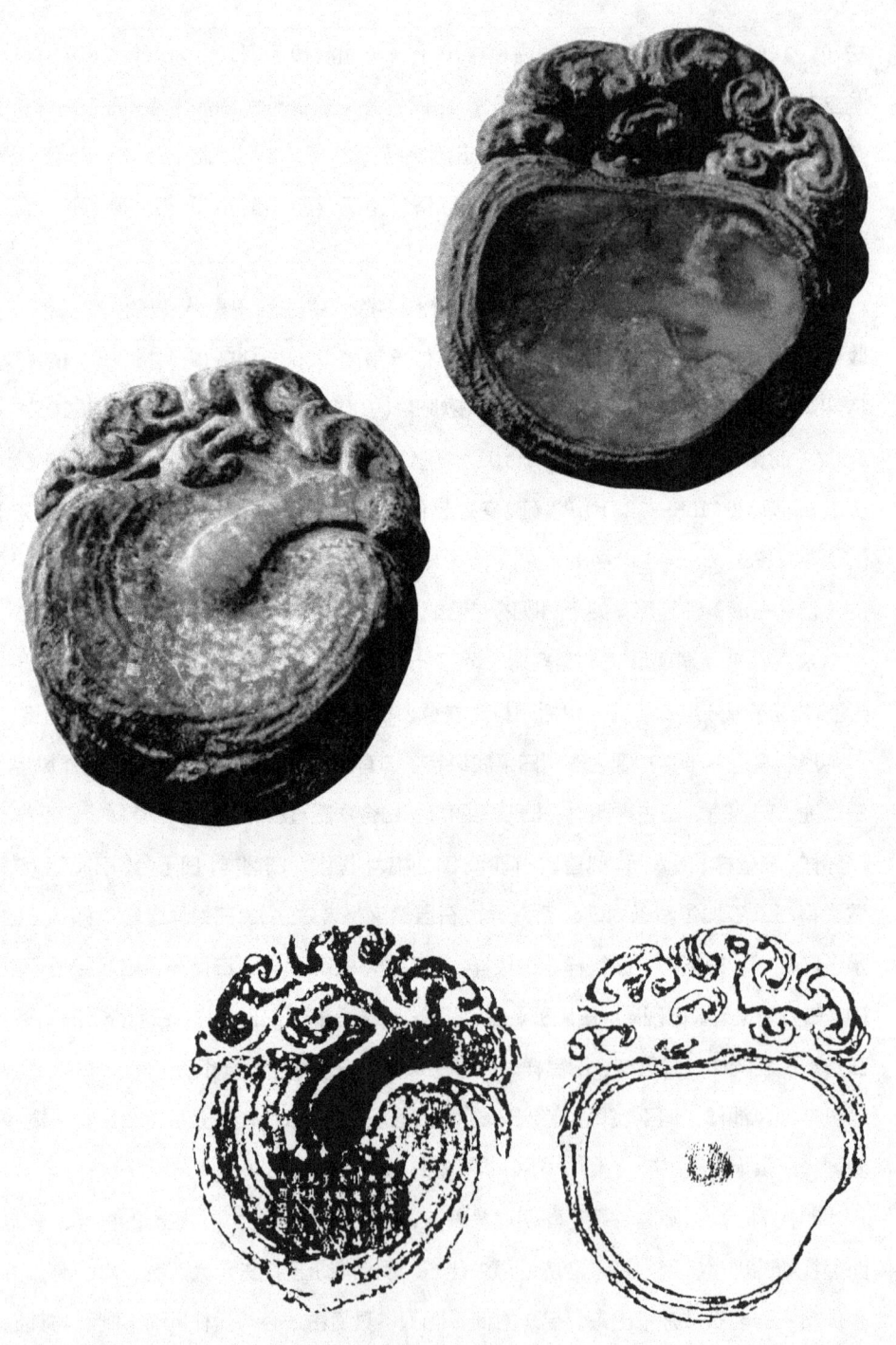

图六 台北故宫博物院藏宋端石瑞芝砚

文玩木石雕刻一样，从形制到雕工，追求大气象，浑厚天成。观赏传世明代佳砚便可知，明人往往利用端砚的石品花纹、石眼等天然雅趣，稍加人工修饰，创作成天人合一的艺术品。故后世对明代端砚有"石佳工精"之评。明代文人墨客以及达官显贵更是多好端砚，往往在砚底、砚侧题刻诗文、铭文、款署。可见当时好砚之风，乃至镌刻砚铭风气的兴盛。

清代，随着皇家的参与，端砚可以说进入了全盛时期。康、雍、乾等皇族基于国富民强的经济实力，对传统文化极为重视，包括文房四宝乃至各类雅玩，都举全国之力为之。中国至清末为止，都是皇家集权统治，皇家所爱，则上行下效。乾隆皇帝尤其喜爱文玩，端砚也因此得以长足的发展。名坑砚石的开采与选择，砚石的形制与雕刻技艺，石品花纹的品评等等，都比前朝更上层楼。制砚工艺精致、纤巧，与清代广式家具相吻合^(图七)。所配制的木盒装潢也颇讲究，黄花梨、紫檀等高档木材用料不惜

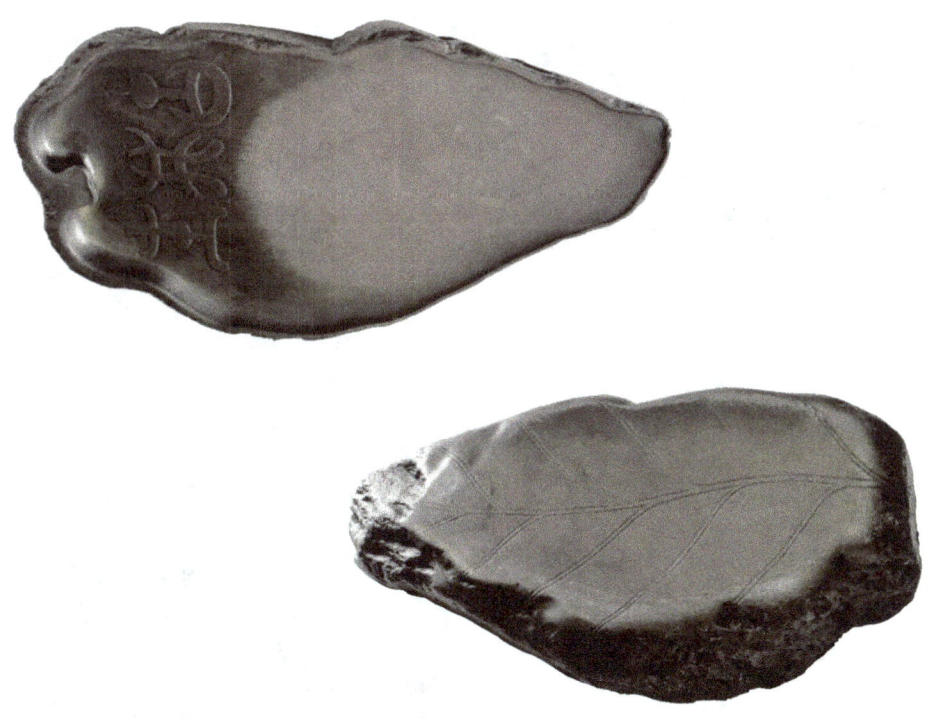

图七　清代"古井生"铭叶形端砚

成本,有的还镶嵌美玉或牙雕,以至于砚盒本身就是一件精美的工艺品。清宫制砚之豪华不必说,民间如刘石庵、阅微草堂的纪晓岚等,也倾心于砚台,编辑砚谱,制作砚铭款识,一时间好砚、玩砚之风盛极。制砚不乏高手,吴门顾二娘^(图八)、江南王岫筠、余姚黄宗炎、镇江梁仪等。同时还出现了著名的砚台收藏家如黄任、纪昀、高凤翰、高兆、杨以增、林佶、金农、朱彝尊以及吴昌硕的高参沈石友^(图九)等等。尽管制砚、藏砚不分砚种,而据资料可知,多为端砚。晚清,特别是光绪十五年(1889),时任

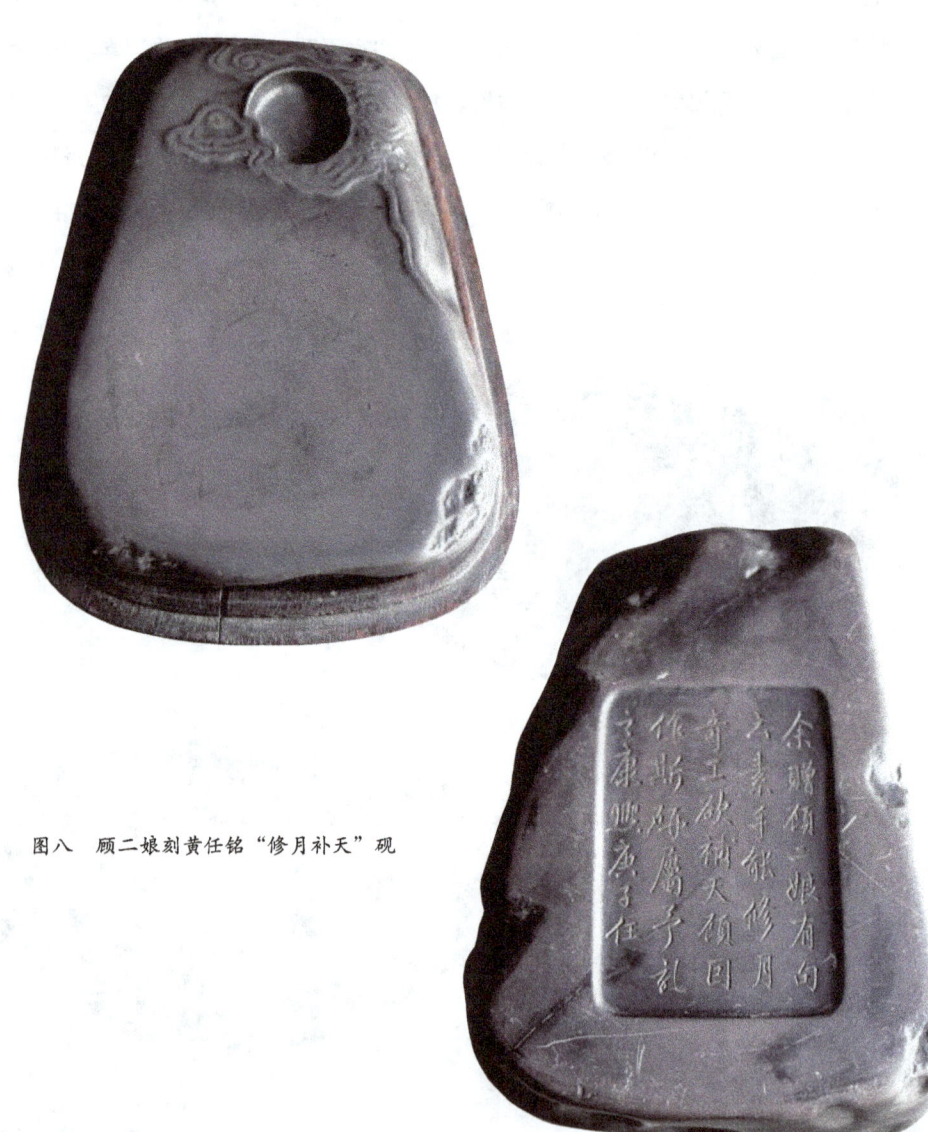

图八　顾二娘刻黄任铭"修月补天"砚

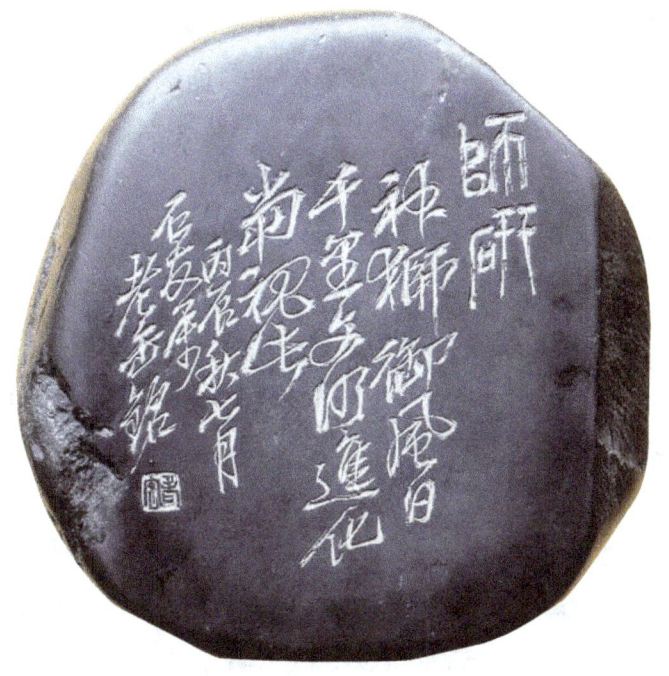

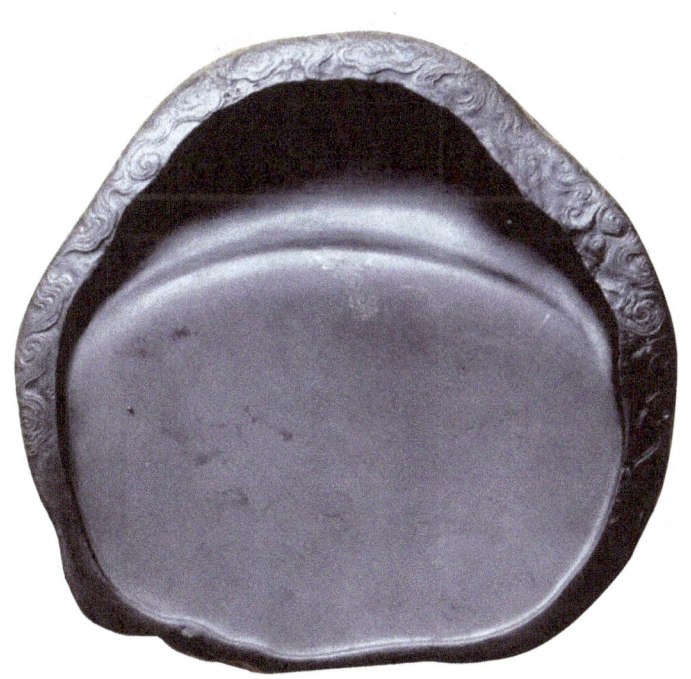

图九　沈石友《沈氏砚林》之狮砚，吴昌硕铭文

湖广总督的洋务派首领张之洞（1837—1909），批准砚工重开淤塞多年的老坑，得大西洞佳石千余方，被历代藏砚家视为珍品，时称"张坑"，为端砚增添了新的光彩。（图十）

民国期间，由于种种原因，端砚名坑大都荒废停采，砚石奇缺。加上外患内乱，战火连年，制砚艺人不少沦落他乡，或转业务农，使端砚制作业一落千丈。20世纪50年代后期，政府开始有计划组织端砚艺人归队，逐渐恢复端砚生产。在政府支持下，1962年重新开采麻子坑，1972年冬，端溪砚石中质量最好，最有代表性的老坑（水岩）重新开坑采石，在大西洞、水归洞等重要坑洞采凿，最后将诸洞打通，产出不少佳石。为了换取外汇，很多佳品流往日本等国。继老坑之后于1978年重新开采坑仔岩。这样，端砚名坑全部复开，品种齐全。

现在除了1998年老坑封洞外，其他坑口保护性开采，因此端砚生产数量依旧较大，据统计，当代端砚生产与销售均占全国砚台销售总数的一半以上。

收藏使用端砚，笔者以为主要从三个方面去考察：第一，砚石的坑口，即砚石产自哪个坑洞；第二，石品，包括砚石的纹路、模样等；第三，砚铭，考察收藏者的题刻内容等等。

端砚的坑洞很多，最著名的是老坑（图十一）。老坑的概念大概有两种：一是专指明万历以后所开的大西洞、小西洞、正洞、东洞等坑洞的坑口。另一种则指包括宋以前的下岩、中岩，明代的宣德岩、朝天岩等。按照后一种说法，老坑历史最久，产自唐代。按前一种说法，则是我们一般说的"水岩"。对此，清人吴兰修《端溪砚史》有详述（6）。从传世的端砚实物看，明以前的端石确无大西洞等老坑佳石。明万历以后开挖水岩即今之所谓"老坑"，挖进大西洞、水归洞，产出了佳石。根据历史记载，万历二十八年（1600）七月十七日开水岩，至二十九年（1601）正月二十八日暂封。这是老坑的最初开坑。之后，清顺治三年（1646）至康熙二十六年（1687）开采过六次。朱彝尊于康熙三十二年（1693）游肇庆，正逢开采水岩，可知，六次之后又继续开采。之后，雍正三年（1725）、乾隆十七年（1752）、乾隆四十五年（1780）等皆有过开采。嘉庆二年（1797）肇庆知府广玉（正白旗人）开采老坑，得大西洞六千余方，小西洞千余方（7）。这是清中期为止有记载的开采老坑所获最多的一次。之后，端溪砚石

（6）见《（补译）端溪砚史》，吴兰修编、石川舜台译，（日本）二玄社1979年版，P180—184。
（7）同上，P204—207。

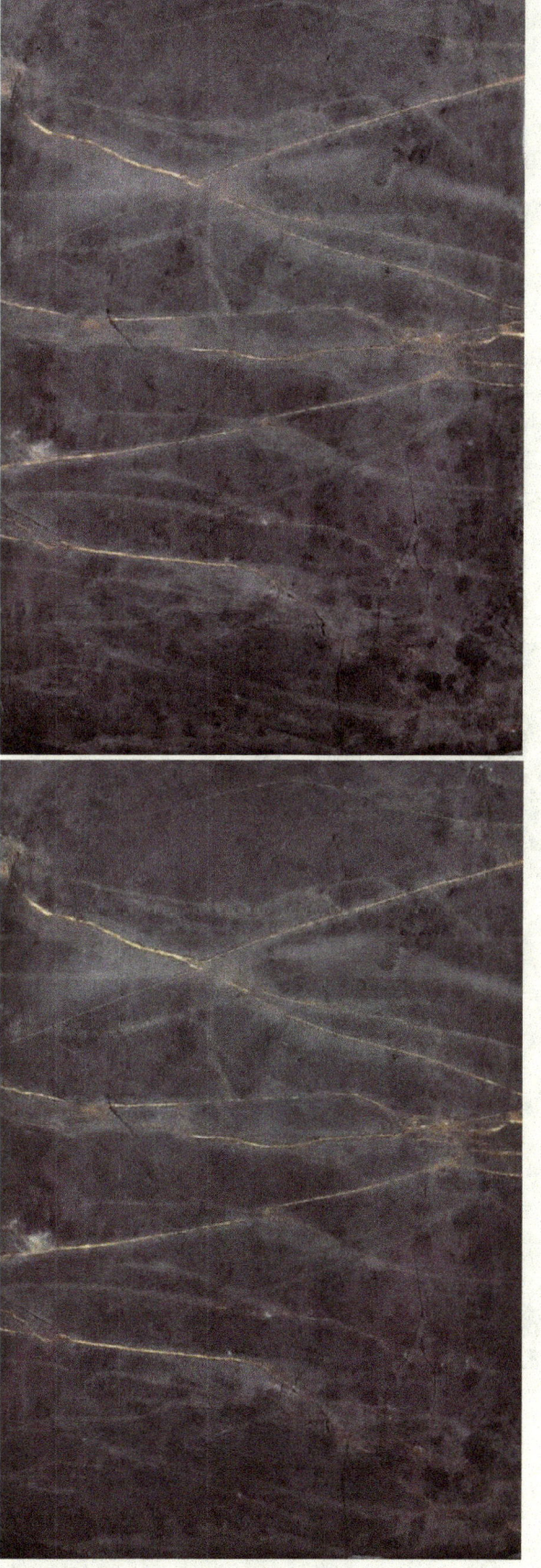

图十 张坑大西洞砚板

的开采量逐渐减少,一些名坑因塌方而停采。其他坑洞也因开采艰难而产量有限。道光十三年(1833)卢坤(1772—1835)开老坑,采得三百数十方,数量不算多,质地极佳,尤以冰裂纹冻者为端砚异品,冠绝古今,被誉为"卢坑"。而张之洞所开得的千余方珍品"张坑",最为砚家珍重。

据新开老坑的师傅介绍,新中国成立后重开老坑,从1971年开始筹备重开,1972年进入实质性准备阶段,重开了坑道口。1973年初正式采出砚石。至1978年大西洞的砚石基本开采完毕。之后,打通了大西洞、水归洞等老坑在内的各个坑洞,又陆续开采了一些新的岩层,最后把支撑用的岩柱也锯断,开出很多巨石;由于担心坍塌,加上佳石几被开采,这样1998年正式关闭老坑。历史上的开采皆为人工刻凿,

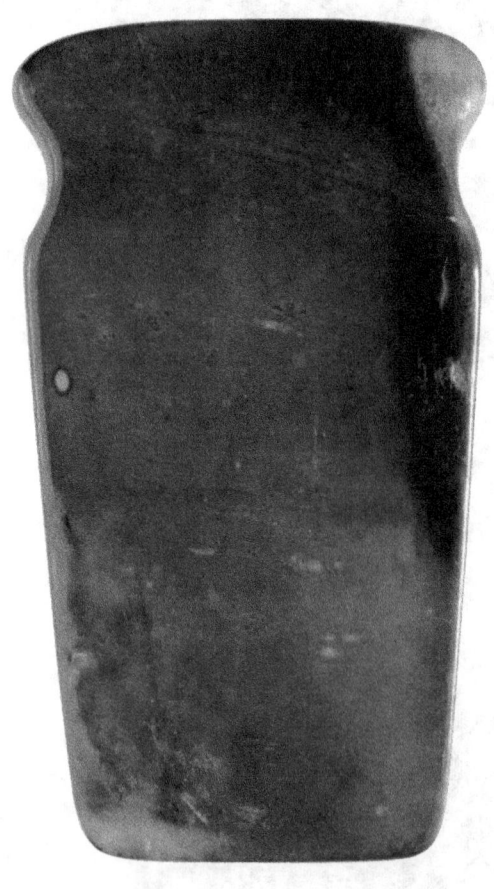

图十一 清代琴式端砚

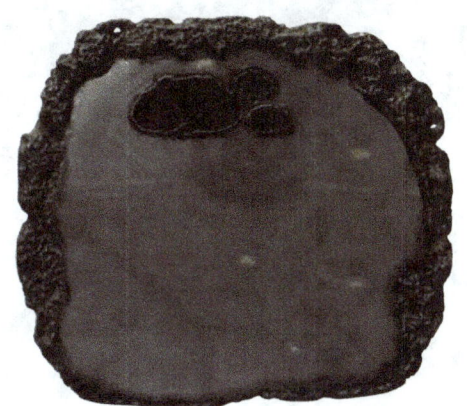

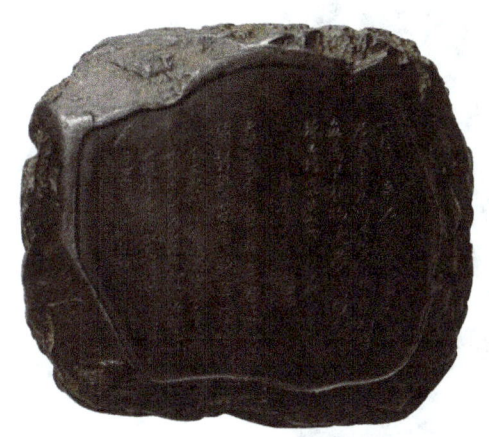

图十二　清中期水归洞仿虫蛀砚，胭脂火捺、蕉叶白、鱼脑碎冻明显，色偏紫

很难开出巨石，而新中国成立后的开采特别是最后几年的开石，使用机器切割，因此所开采的数量、大小，均远远超过前代。

老坑洞口在水面上，而开采的矿脉几乎都在水面之下，因此开出的砚石，称为"水岩"。但封洞后，矿脉很快被水淹没。洞中原本有大西洞和水归洞等等之分，但总体上看，属于一种矿岩层，各处所采略有细微区别，而无大异。尤其是大西洞和水归洞，两洞相距很近，所产砚石非当地砚工等经常进出坑洞的专家恐也难以鉴别。通常来说，大西洞石色在青灰色中微带紫蓝色而偏蓝；水归洞则在青灰色中微带紫蓝色而偏紫。（图十二）大西洞之冰纹多些，水归洞则相对较少。尽管如此，此两洞所产砚石，堪称端砚极品。（图十三）

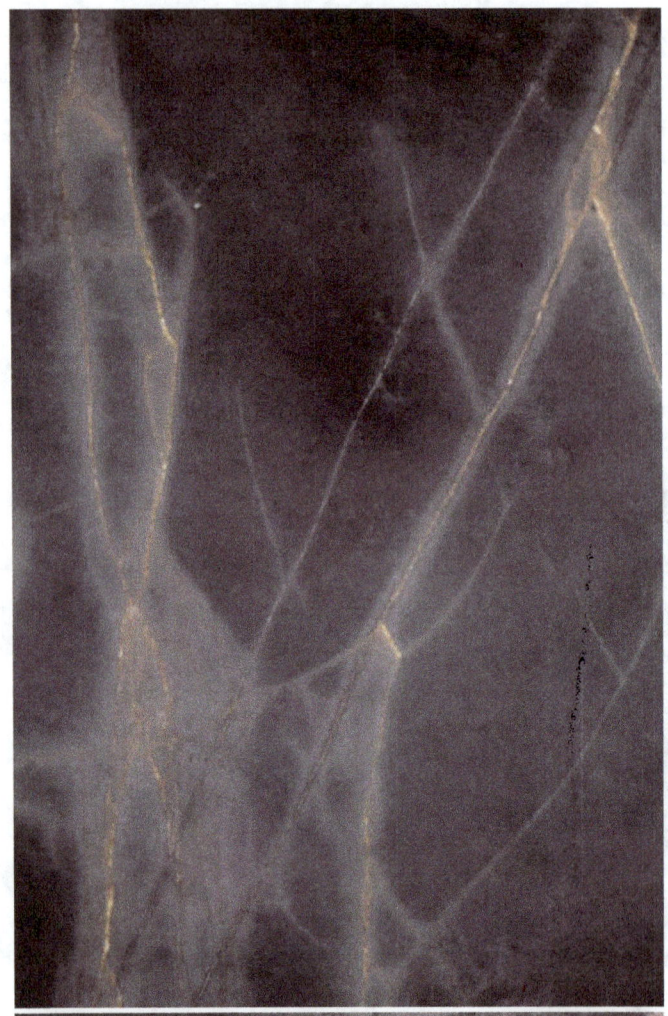

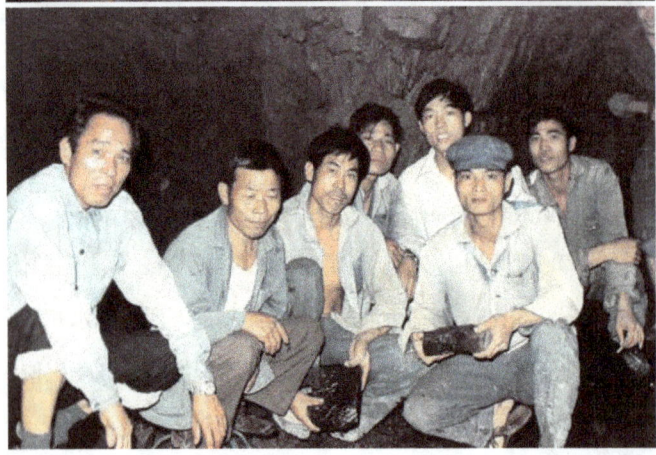

图十三　大西洞金线冰纹、冰纹冻交织的砚板局部，多见于张坑所出砚石。
图十四　20世纪90年代坑仔岩采石工人，在80余米坑洞深处采石工作情景

坑仔岩又名康子岩，亦有人称岩仔坑。位于老坑以南半山之上，距老坑洞直线距离约五百多米。坑仔岩开采历史悠久，宋代开始，代代开采。但因常有塌方，故洞口不远处立有石碑，祭拜土地山神。清末塌方时造成人员伤亡，因而工人多惧之。1978年底重新开坑采砚石，为了避开断层，新开凿高度和宽度为1.8米长，90多米的坑道，连接原坑仔岩采石处，采出一批批优质的坑仔岩砚石。（图十四）坑仔岩与老坑相近，石质也类同，因是山石，远不如水岩润泽，扣之有金声；而老坑水岩，特别是大西洞砚石，则发木声。店家常以坑仔岩以次充好，冒充老坑出售，购买者当细细观察，除看纹路辨别外，还需扣声聆音。（图十五）

麻子坑，相传乾隆年间有陈麻子者开采此坑，所采之石，温润发墨，不在老坑东

图十五　清坑仔岩孟春明月砚，可与老坑媲美，鸲鹆眼极为漂亮，石纹不明显，是其缺憾处。

洞之下。为纪念这位开拓者，遂将此坑取名"麻子坑"。麻子坑主要有两个洞口，一水坑一旱坑，两洞口相隔不过5米，水坑在下，终年浸水，洞内泉水从岩壁不断渗出；旱坑在上，亦常常积水，不过积水时间比水坑短。麻子坑距老坑数公里，洞口在山岩之上，山坡陡峭，攀登较难。

新中国成立后端砚恢复生产，麻子坑于1962年底正式开坑采石。当时的麻子坑洞内坑道低矮，很多地方要匍匐而进。20世纪90年代坑洞由私人承包，并在原麻子坑周围开凿出了十多个新洞，这些坑洞比较宽敞，配上电力照明，抽水和通风，先后采出不少麻子坑砚石，其中不乏佳石。（图十六）

老坑、坑仔岩、麻子坑，被称为端砚的三大名坑。其他如梅花坑（在岭羊峡以东的高要沙浦典水村附近，故又称典水梅花坑。典水的梅花坑采石较少，目前的梅花坑砚石多在肇庆市北岭山的九龙坑开采。石质与前三坑比，显粗松）、宋坑（因在宋代被发现并开坑采石，故称之为宋坑。但宋坑非指某一采石坑洞，而是包括盘古坑、陈坑、伍坑、蕉园坑等等在内的总称谓，位于肇庆市北郊北岭山一带，西起三榕峡，东到鼎湖山。因附近将军岭下有将军坑，故又有称宋坑为将军坑者。色泽紫如猪肝而不

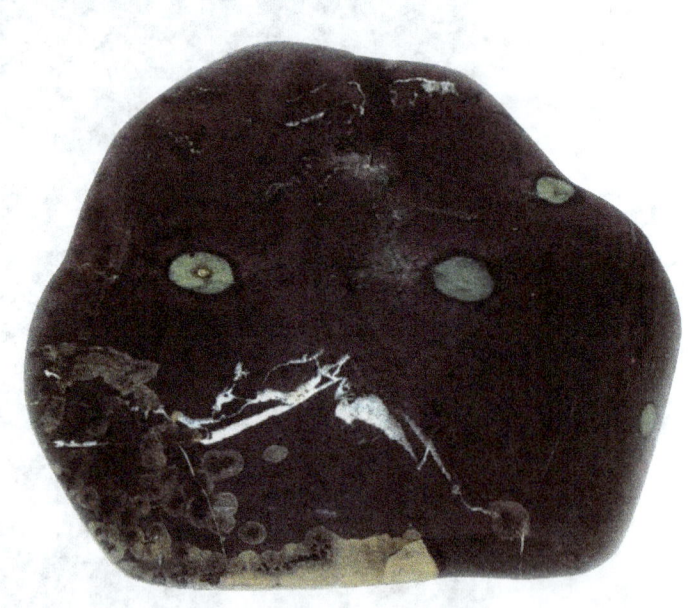

图十六　麻子坑原石，绿色的翡翠眼，眼较大，与老坑不同。

润,多石眼)^(图十七、图十八)、绿端(采石始于北宋,坑在北岭及小湘江峡即现在的三榕峡、鼎湖山一带)^(图十九)、古塔岩(位于坑仔岩之南屏风背附近,色紫而带玫瑰红,多变化,且偶尔有佳眼,从中可选出佳石)、朝天岩(位于宣德岩附近,始采于康熙年间。由端溪登麻子坑,必经朝天岩。坑洞不深,洞内宽敞,因洞口大开朝天而得名。石呈紫蓝,有青苔斑点)、宣德岩(开采于明宣德年间而得名。色以猪肝为基调,略呈苍灰,乏佳石)、白线岩(在岭羊峡以西、北的山岭上,岩洞分三层,第一层石皮青带翠绿色,

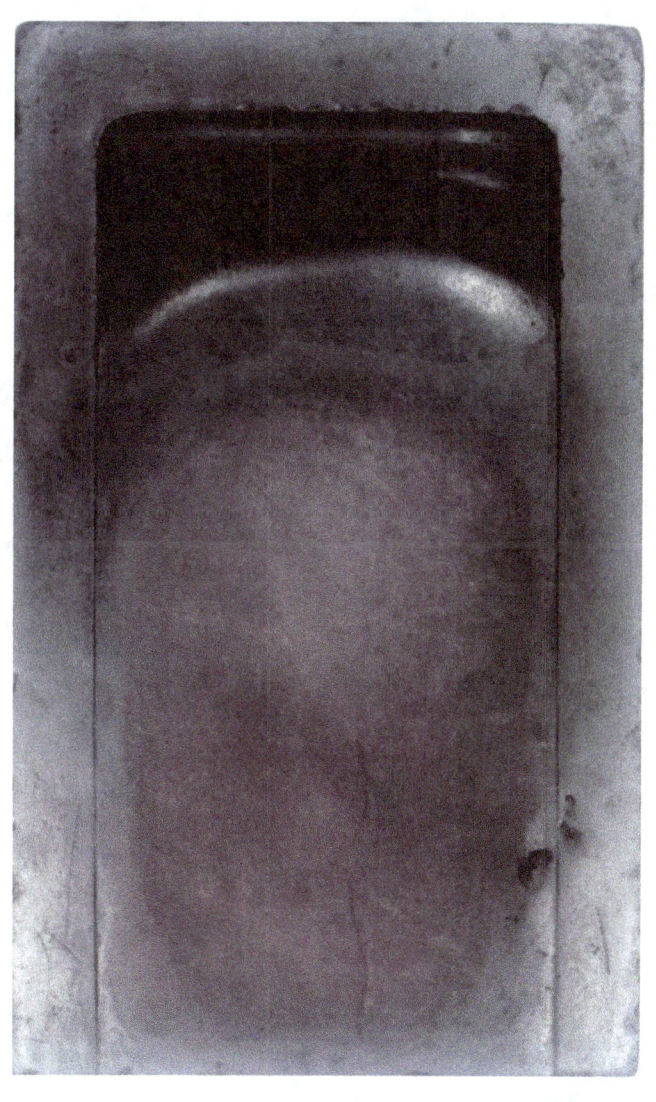

图十七　明代宋坑太史砚,呈猪肝色。

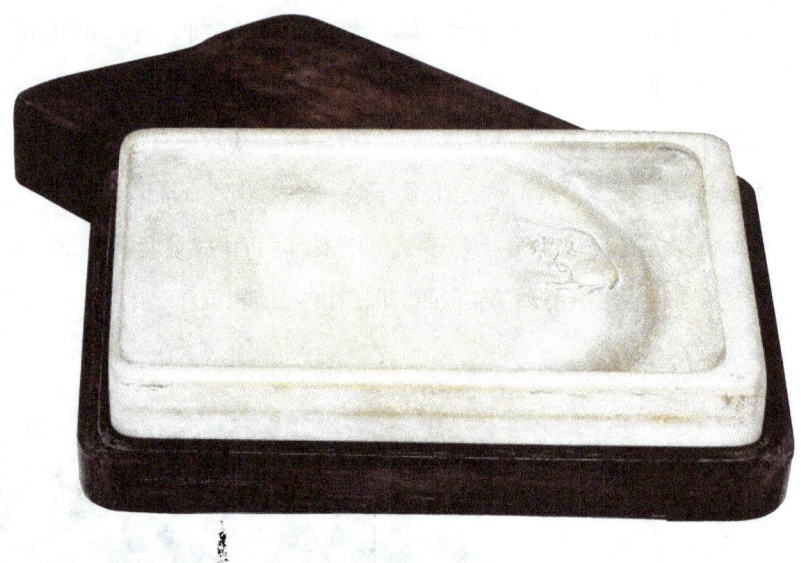

图十八　浙江省博物馆藏白端石柳如是写经砚

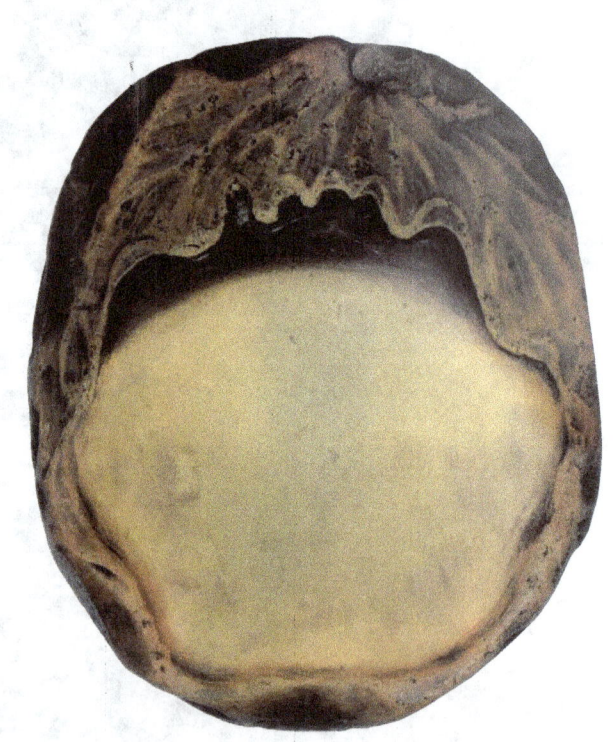

图十九　明代绿端荷叶砚

第二层叫二格青，第三层是青石，多为普通砚石）^{（图二十）}，凡此等等，而藏家首选的，仍是前三大名坑。

自古除了书画家使用、收藏砚台外，还有专门的爱砚家、藏砚家，以赏砚为主。所谓赏砚，即观赏砚之石质，比如砚石的色泽、模样，即砚材的"石品"。砚台的好坏，乃至坑洞，与石品密不可分。端砚最主要的几大石品：天青（色青而微带苍灰，颇如黎明前的天空，深蓝而微灰，细腻、滋润）^{（图二十一）}、鱼脑冻（略呈白色而带黄青

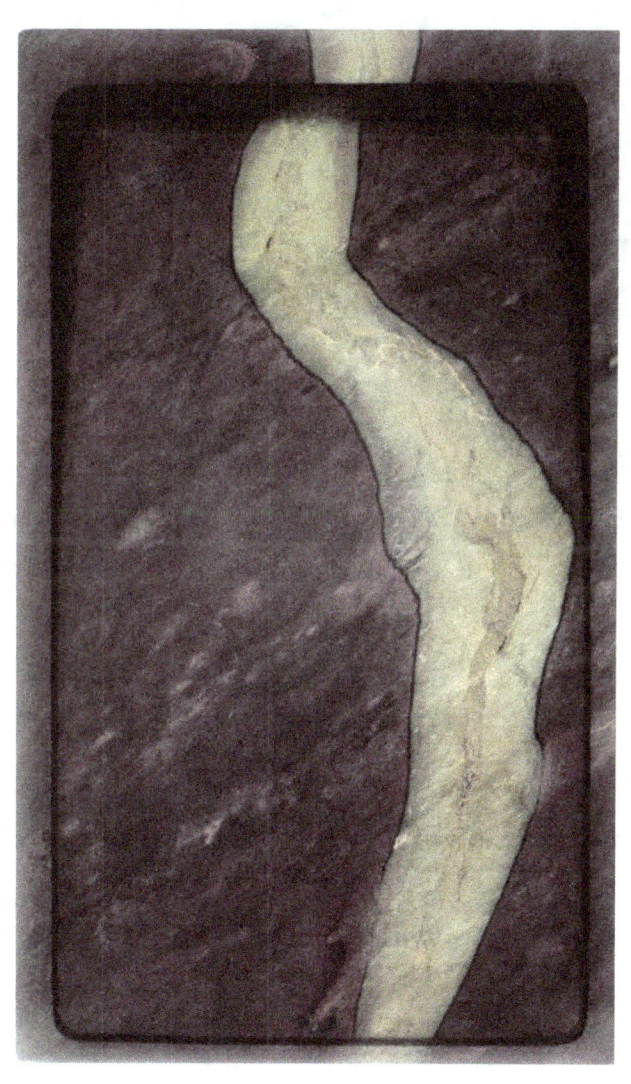

图二十　二格青大江砚，石质一般，取名漂亮

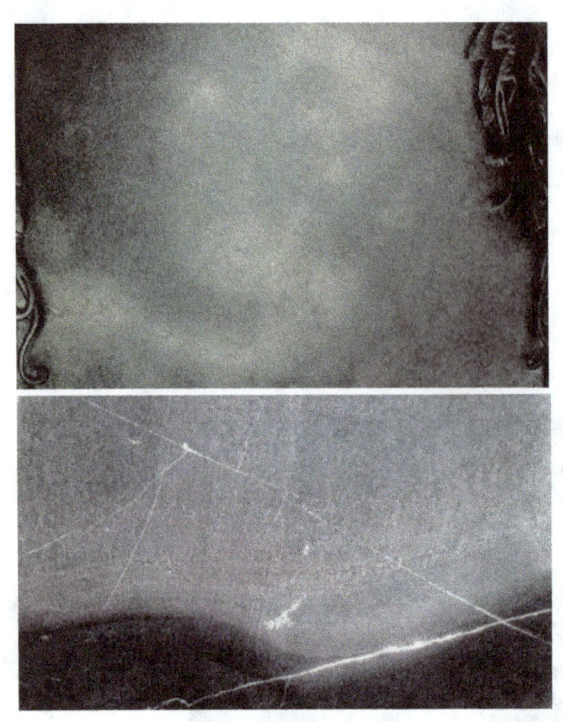

图二十一　天青色加鱼脑冻
图二十二　上半部分为蕉叶白加银线、斑点部分为雨霖墙，下半部分为胭脂火捺

色，犹如鱼脑一样）（见图十九发白色的部分）、蕉叶白（如同芭蕉嫩叶初长的颜色，白中带青黄）^{（图二十二）}、青花（长在砚石中的呈青蓝色的斑点，有时需要洗砚后才能看得出）、金银线（老坑石常见，类似于裂纹，黄色为金线，白色为银线，）（见图二十中的白线）、火捺（又称火烙，有如熨斗烫焦一样，紫色者叫胭脂火捺）（见图十一的下半部分）、冰纹（白线边上有晕，似线非线，似裂非裂，近似金银线，但显得更自然）（见图二十）、冰纹冻（冰纹集中，犹如瀑布一泻千里）（见图二十下半部分）、翡翠（翠绿色的斑点，有的是条状，有别于眼）、石眼（有活眼、死眼之分，有瞳孔的是活眼，类似于鸟的眼睛，如鸲鹆眼^{（图二十三）}、鹦哥眼、雀眼、鸡公眼、猫眼、绿豆眼等等，以层次多、色碧透为佳）、虫蛀（虫蛀偶见于麻子坑，老坑、坑仔岩少见）^{（图二十四）}、五彩斑（多种颜色的斑纹）等等。

　　以上各类石品，常常集于一石之上，而多以老坑、坑仔岩、麻子坑为主。老坑砚石的主要石品有冰纹、金线、银线、青花、火捺、天青、蕉叶白、鱼脑冻、冰纹冻以及石眼。较常见的石品是冰纹和金线、银线，其次是火捺。鱼脑冻（包括碎冻）和蕉

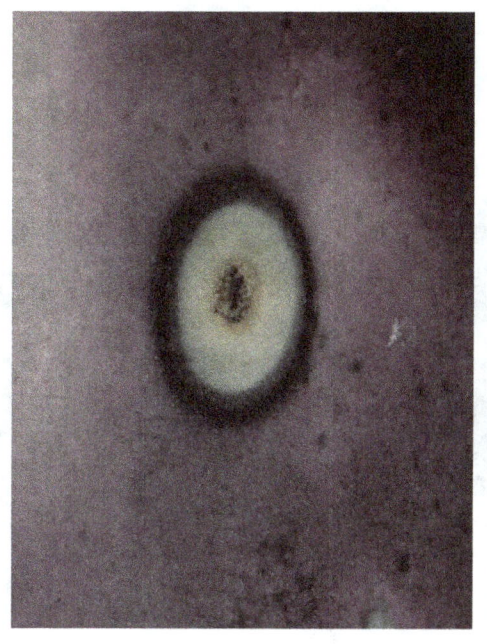
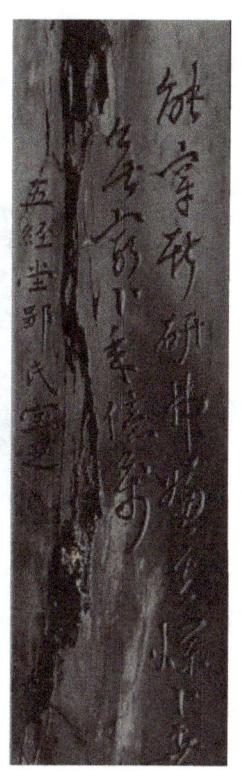

图二十三　鸲鹆眼

图二十四　虫蛀，为自然形成的类似于虫咬过的空洞

叶白则较稀有。老坑，尤其以出自大西洞砚石中的鱼脑冻最佳，鱼脑冻或蕉叶白的周围往往有胭脂晕火捺。还有，冰纹冻是老坑水岩砚石所独有的。坑仔岩砚石不像老坑或麻子坑那样层次分明。石色青紫稍带赤，颜色花纹均匀，也不如老坑或麻子坑砚石色彩斑斓。石品花纹中有蕉叶白、鱼脑冻、青花、火捺以及各种石眼。麻子坑石可与老坑石媲美。一般来说它仅次于老坑，而与坑仔岩同级，如遇佳石则又胜于坑仔岩。麻子坑所出佳石容易与老坑砚石混同，需细细辨别。其中常常有石眼，多碧绿，有瞳子，间有鸲鹆眼等佳石，眼中有晕，多至七八层者为上品。

这三个名坑的砚石最为藏家所爱。当然，这些石品，主要用于赏玩，而发墨实用，据笔者研试，则以老坑等纯净者为佳。

端砚开采自唐代以来，历时1300余年，长盛而不衰。其中品类多样，颇类篆刻佳材"寿山石"。无上至宝或似田黄、田白，还有白芙蓉、荔枝冻、牛角冻、朱砂冻等等，品目繁多，美不胜收。佳砚上如有名人题诗、作铭，则更是锦上添花^(图二十五)。端砚中文人雅士题诗作铭者最多，可参考历代砚谱，沈石友所藏《沈氏砚林》中有吴昌硕砚

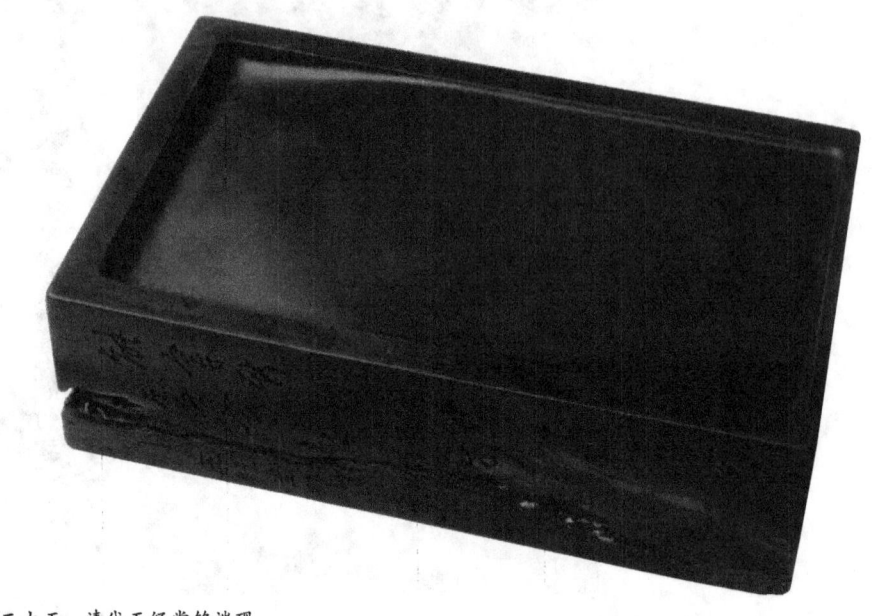

图二十五　清代五经堂铭端砚

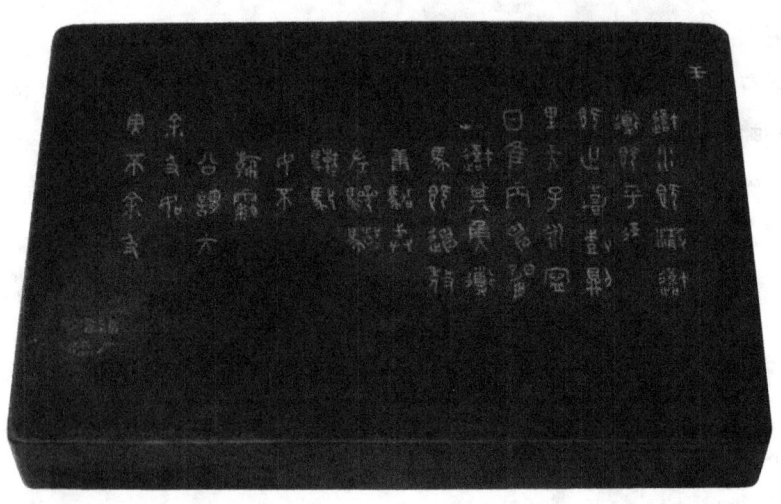

图二十六　王福庵缩刻石鼓砚——第九鼓

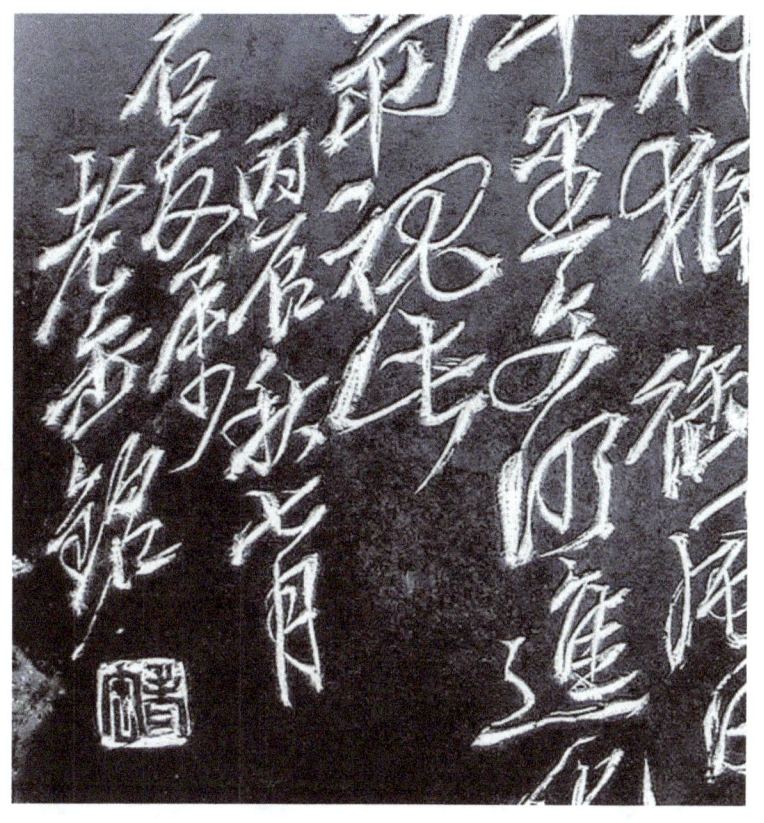

图二十七　赵古泥刻《沈氏砚林》吴昌硕铭文局部

铭一百二十余条之多，皆切题工妙，大家不妨参阅。其他如王福庵所刻"（缩刻）石鼓文"砚铭也颇有金石雅趣^(图二十六)。当然，自制铭文更是别具风雅。其中乐趣，爱好者自知。当然，砚铭必使砚与人并传，文与字兼绝，加之佳石配良工，斯可以铭。强作解事，乖悖古法，则污此端友了。[8]

　　从收藏角度说，砚材容易把握其特点，但砚铭则往往难以判断真伪。当今市肆乃至拍卖场中的古砚，多有名家砚铭，而其中造假现象严重，需多加研究，包括铭文、砚石、刻工等等。比如，《沈氏砚林》中的铭文，出自赵古泥之手，赵古泥乃吴昌硕弟子，精篆刻，且是刻碑高手，因此落刀凶猛准确，能捕捉到吴昌硕书法的神髓，因此，可从刀法上判断真伪^(图二十七)。凡此等等，都需要深入研究，谨慎甄别。

（8）见《（补译）端溪砚史》，吴兰修编、石川舜台译，（日本）二玄社1979年版，P202。

说 砚

其二 歙砚

歙砚的知名度和传世数量应该是仅次于端砚。

歙砚产于古歙州（今江西婺源、安徽歙县、黟县、休宁等地），其中以婺源的龙尾砚为优。

笔者常常将端、歙两类砚石与寿山、青田两类印章石料相提并论，端砚类寿山，种类繁多，从普通寿山到田黄、白芙蓉，优劣差距巨大，适合收藏品鉴；歙砚似青田，种类相对比较单纯，质量也相对均衡，适合书画实用。当然，这都是相对而言，个人喜好乃至地方意识，则在论外。因此，普遍情况来看，藏砚家、藏石家多青睐端砚、寿山石，而使用者往往喜爱歙砚和青田石。

一般说来，歙砚与端砚一样，始于唐代。宋代唐积《歙州砚谱》记载："婺源砚。在唐开元中，猎人叶氏逐兽至长城里，见叠石如城垒状，莹洁可爱，因携以归，刊粗成砚，温润大过端溪。"[1] 五代末至宋初的陶秀实《清异录》记载："萧颖士文爽兼人，

（1）见《四库全书·砚史·砚谱》，中国书店出版。

而矜躁为甚。尝至仓曹李韶家，见歙砚颇良，既退，语同行者：君识此砚乎？盖三灾石也。同行不喻而问之，曰：字札不奇，研一灾；文辞不美，研二灾；窗几狼藉，研三灾。同行者敛眉颔之。"(2) 萧颖士为唐开元二十三年（735）进士，此可证明盛唐时，歙砚已经颇有显名。又载："开元〔平〕二年，赐宰相张文蔚、杨涉、薛贻宝相枝各二十，龙鳞月砚各一。宝相枝，斑竹笔管也，花点匀密，纹如兔毫。鳞，石纹似之；月砚，形象之，歙产也。"(3) 据考证，这里说的"龙鳞月砚"，就是金星歙砚。从出土、传世砚台实物看，唐代的歙砚不在少数。出土汉代石砚中石纹颇类歙砚的也多，或即是歙砚，有待考证。

南唐时期，歙砚大受宠爱，中主李景推重歙石，专门在歙州设置了砚务官，由砚工李少微任之。后主李煜对歙砚更是推崇，歙砚、澄心堂纸、李廷珪墨文房三宝名传天下。

宋代文人墨客好砚台、爱文玩之风兴盛，这种背景下，歙砚有了较大的发展。歙石开采规模扩大，从传世、出土的宋代歙砚来看，质地精美、雕刻工细，形式多样，为当时砚台之冠。安徽1953年于歙县小北门宋代窖藏出土了十七方歙砚，可以佐证。(图一) 宋代书法家苏轼在《万石君罗文传》中，将"罗文君"罗纹砚与"毛纯"（笔）、"墨卿"（墨）、"楮先生"（纸）称为"文苑四贵"，亦即文房四宝。蔡襄诗《徐虞部以龙尾石砚邀予第品仍授来使持还书府》："玉质纯苍理致精，锋芒都尽墨无声。相如间道还持去，肯要秦人十五城。"(4)

元代江光启《送侄济州售砚序》中记载："今至元五年十月廿八日夜，淹声如惊雷，隔溪屋瓦皆震，人惊兽骇；数年前工人告予，紧足石矿凿已尽，予不之信，至是果然，六十年两见此事，亦可一慨！"(图二) 元以后歙石开采逐渐凋落，不仅整个明代，甚至到清康熙、雍正年间产量也很少，且多无巨石大砚。而明清两代端砚正是兴旺发达，差距明显。当然，歙砚虽无大规模开采，但歙砚历来还是作为贡品而不断产出的(图三)。

1963年2月歙县手工业管理局组织了砚石探察小组，去婺源龙尾山寻找砚石，当

（2）见《四库全书·清异录》"文用门·三灾石"条，中国书店出版。
（3）同上。
（4）见《蔡襄全集》，福建人民出版社1999年版，P215。

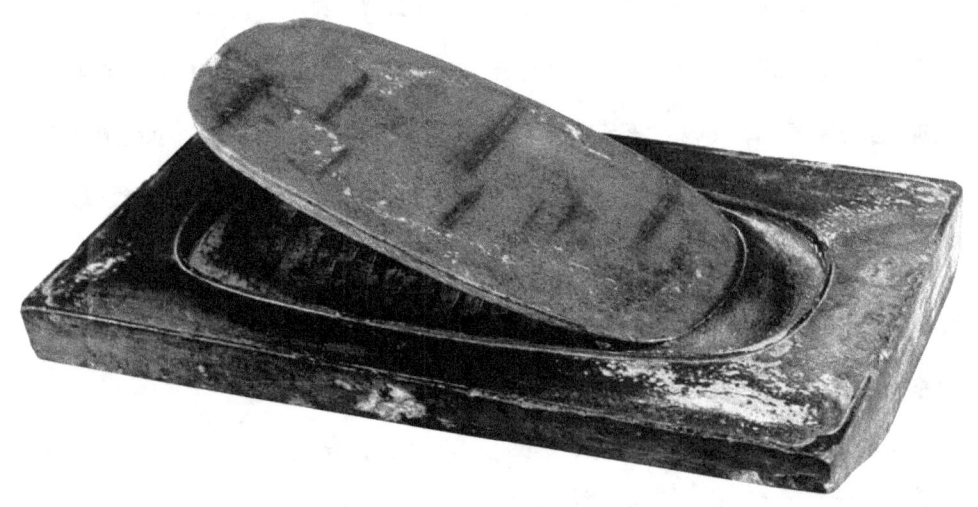

图一　宋代眉子纹枣心砚歙砚

地百姓对龙尾砚坑竟一无所知。后来得到当地政府的支持，根据砚史确定的砚坑方位探索，历时三个月，终于找到了金星、眉子、水波纹等砚石。5月份试采，同年10月，第一方金星砚重新问世，停产近两百年的歙砚从此获得新生。

20世纪80年代中期以后，随着新的坑口不断发现，歙砚产量大增，大有赶超端砚之势。现在市贩砚台以端、歙砚居多，远远超过四大名砚的另外两类，特别是普通实用砚中以歙砚为最，由此可想象现在歙砚的产量(图四)。

歙石特征明显，有天然生成的各种色彩和星晕纹理，大致分为眉子、罗纹、金星、金晕、鱼子等诸种。歙砚的雕琢，也有浓厚的地方风格和传统，颇有徽式建筑雕刻之感。相比端砚，歙砚雕刻往往比较繁复。出土、传世的宋代佳砚，所雕瓜果、鱼龙、殿阁、人物，神态颇能入微。然而当代效仿者多有过之，且颇多俗工，所作雕刻俗气而不忍观之。当然，普通素工实用砚，适合初学者以及中小学生使用。

歙砚与端砚一样，也讲究坑口。唐宋元采石工人不断开山找出佳石，为后人留下了很多坑洞。现介绍主要的砚坑如下：

江西婺源县龙尾山一带的砚坑有：1.眉子坑，在罗纹山中（罗纹山即龙尾山），此坑从下往上分为下、中、上三处，下坑所出的眉纹典型，有粗眉纹、细眉纹等等，其

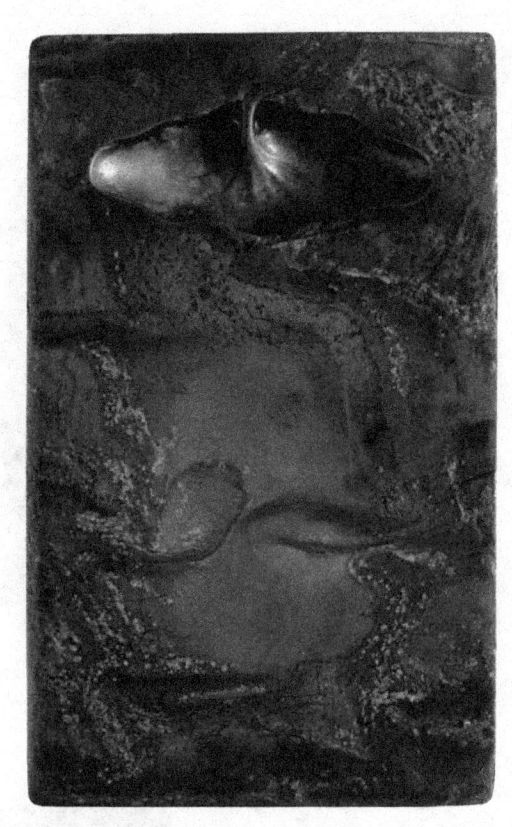
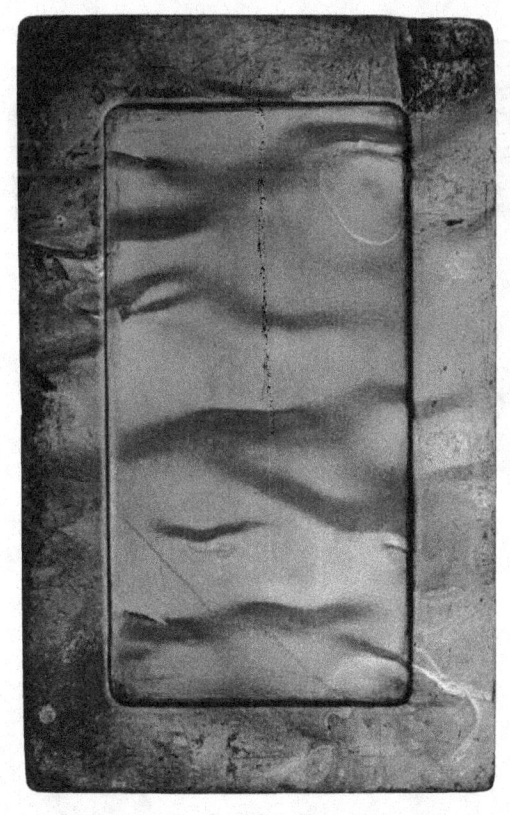

图二　元代龙尾山歙石"星辉霞蔚"砚

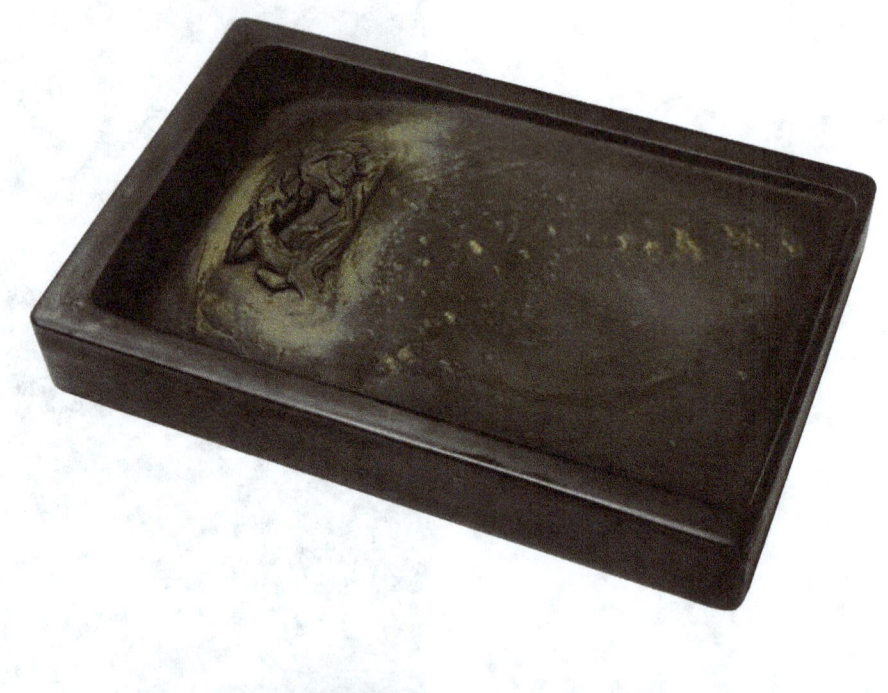
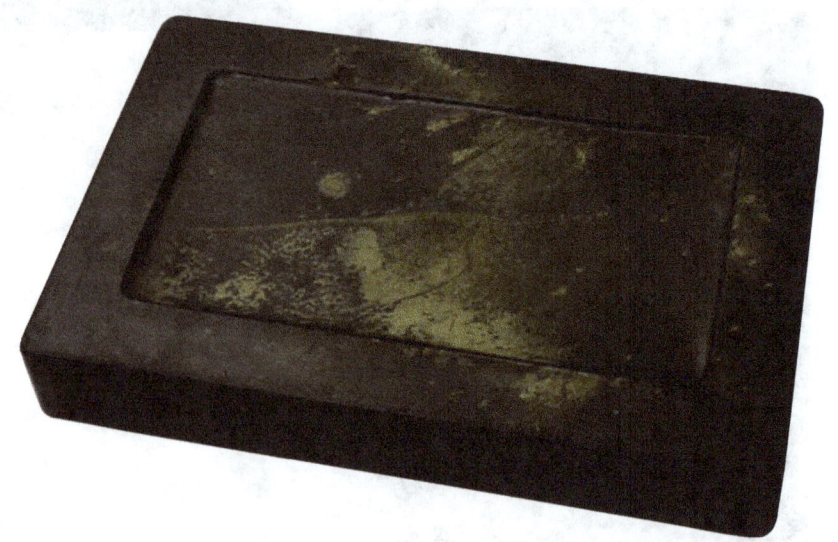

图三　清代"松鹤延年"歙砚（金星、金晕）

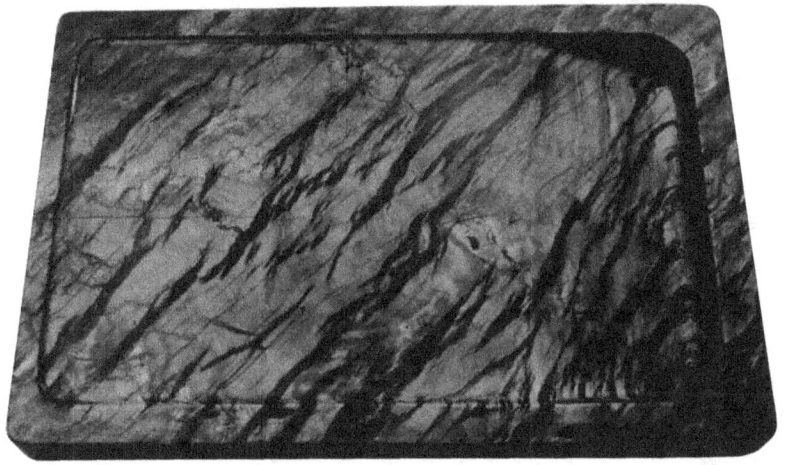

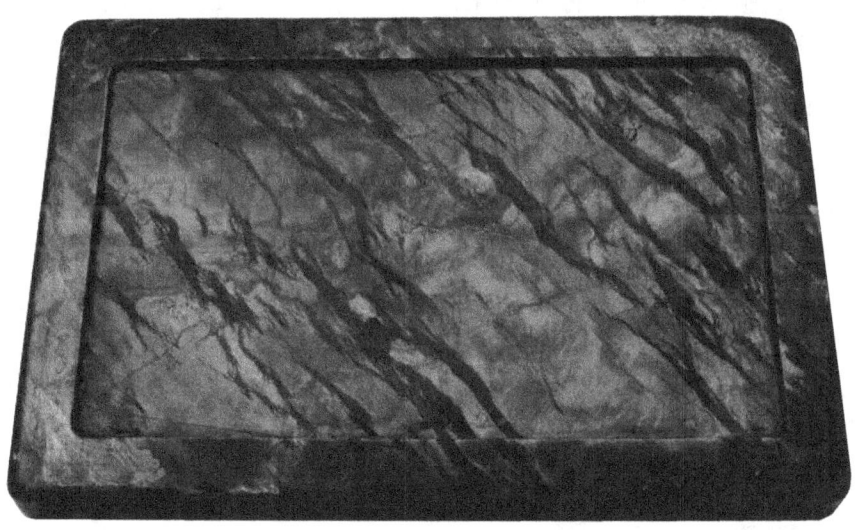

图四　20世纪70年代龙尾山开采出口日本的巨型歙砚

纹色清晰，石质莹洁，石性最好。2.罗纹坑，位于眉子坑东侧，时出佳石。此坑所出的砚石品种有粗罗纹、细罗纹、水波纹和刷丝纹等，但所出之石，石筋较多，难取7寸以上砚石，古人对歙砚有"七寸为珍，八寸为宝"之说，当即是此指。3.金星坑，又称罗纹金星坑，在龙尾山的西北面。此坑所出之石品为金星、金花，也有罗纹，石质上乘。4.水舷坑，位于眉子坑之下，芙蓉溪傍。所采出的砚石均为金星、金晕、水波罗纹、细罗纹等，2005年此坑因修路而被填没。5.水蕨坑，与水舷坑隔溪相望。所出砚石的品种有粗罗纹、细罗纹、眉纹、金星、金晕、银星等，其中眉纹多数相互交织成片，如江涛海浪之象。6.溪头坑，位于龙尾山的北面，砚石品种为金星、金晕等，其石质较松，星晕的颜色黄而不亮，不及金星坑、水舷坑、水蕨坑。7.紧足坑，在罗纹坑之下，砚石的纹理有金星、金晕等，也有眉纹，但质次于水舷坑、金星坑。8.叶九坑，在岭背村的对面山上，此坑所出砚石的品种均为眉纹，其眉纹多数不典型，称之为"岭背眉"。9.外庄坑，位于外庄村后山上，所出的砚石较巨大，有眉纹和一些金星、金晕，但石质粗松，次于叶九坑。10.桥头坑，此坑位于武溪旁，是2002年马路加宽时，被当地百姓发现的坑口，因旁边有座桥，所以称作"桥头坑"。该坑最具代表的就是罗纹，还有少量的金星、金晕、眉子等。

婺源县大畈一带的砚坑有碧里坑和济源坑。前者在济溪村河对岸的济山上，后者位于济溪村的后山上，此坑砚石多鱼子纹。该坑储量大，是产量最多的砚坑之一。

安徽歙砚坑口则分布在歙县、休宁县、祁门县、黟县等地。歙县坑口大致分为东端的溪头坑，北端的岩源坑，南端的紫云坑、庙前坑、苏川坑、渔岸坑等，还有洽和坑，以及新安江畔的正口、白石岭、北群等地均有砚坑。主要石品有金星、金晕、银星、水浪纹、罗纹、刷丝纹、歙青、歙红、紫云石。休宁县的砚坑主要集中在县城西南部皖赣交界处的障公山区，有大连砚坑、岭南砚坑、村砚坑等。祁门县的砚坑主要有四处，分别在上洲和胥岭。黟县的砚坑位于方家岭。总的来说，安徽境内的歙石石质不及婺源龙尾山石。

除了开出来的坑石以外，歙砚中的子石（仔石）也就是自然卵石也极受爱砚家的青睐。特别是婺源县龙尾山脚下芙蓉溪里的子石，时有佳石被发现。上佳的子石，几乎具备优质砚石的所有特征。

歙砚砚石也有各类石品，大致可分为：眉子（图五）、罗纹（图六）、金星（图七）、金晕（图八）、鱼子（图九）等等几个大类。《明一统志》载，石品有五类二十五种，有的书籍分类更细，五大类分化出五十余个小类别。笔者以为，尽管细化的名称数量众多，但变化跨度其实不算大，大同而小异。读者需要把握好的也就是上述主要五大类的纹理模样。

在此基础上，如欲挑选歙砚，除了自己的喜好外，还需要注意如下几个方面：首先，观砚辨纹，色泽清明，纹理清晰最为重要。罗纹、鱼子、眉纹、金星、金晕（图十、图十一、图十二）、银星（星点发白者）、水波纹（图十三）等等纹路明显者石质较佳。作纹理的辨别时，最好将砚用水打湿，或用清水洗砚，那样可明显看出清晰的纹路来。其次，看石质，坚硬细密，温润不涩，且有半透明感者为佳。第三，砚石一定要完整无暇，无杂质，比如黑白石筋，以及一些影响纹理的斑纹等等。有的旧砚还有裂纹，以水洗之可现裂纹痕迹。第四，以手摸砚，以润而不涩为佳。第五，以手指扣砚，发出清脆的锵锵金声，则石质细密，相反则粗松。最后，可能的话以墨试之，石润而不涩，发墨徐徐，储墨不涸者为佳。

从收藏的角度，还需要看歙砚的新旧（图十四），旧砚的形制，是否宋元旧砚，再看砚盒，比如盒子是否完整，盒子的材质等。砚盒以紫檀、黄花梨为上等，红木、花梨、鸡翅、铁力次之，榉木、樟木等又次之。如若是名家藏过，有题跋款识，则又有真伪

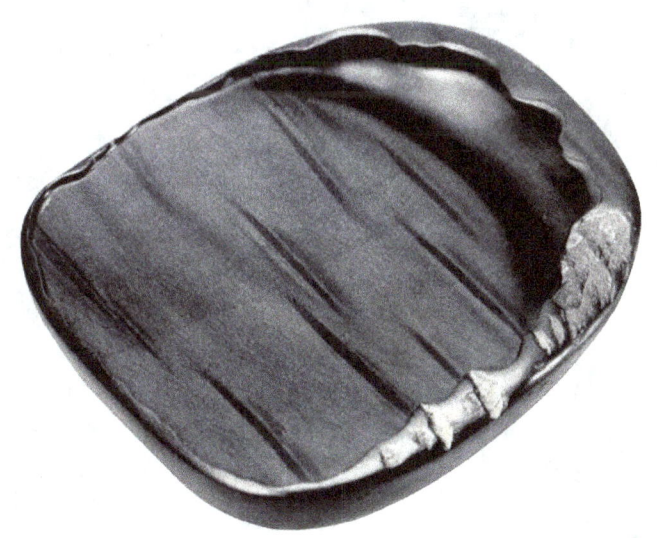

图五　眉子（北京故宫博物院藏）

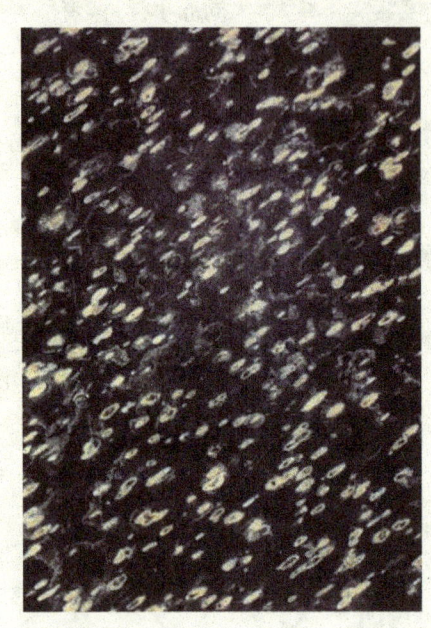
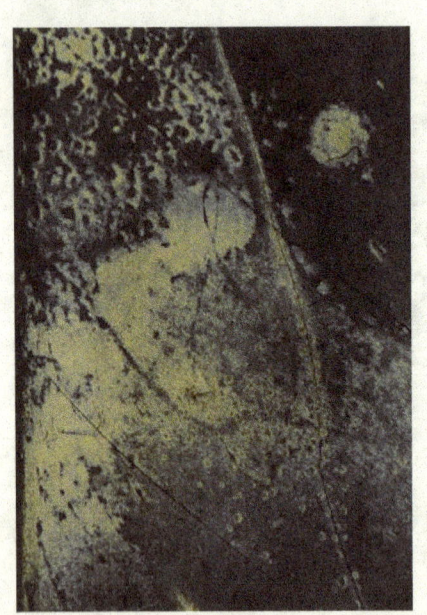
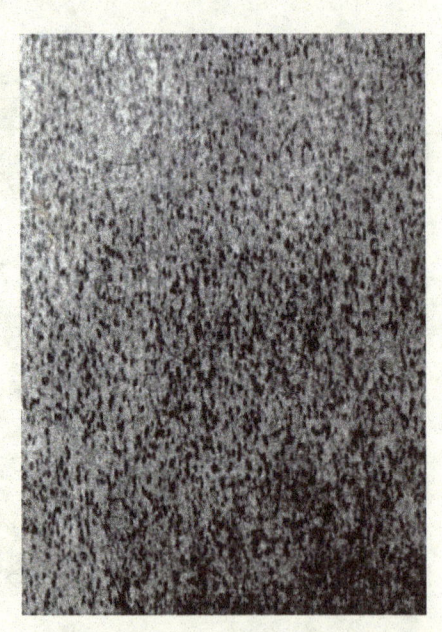

图六 罗纹　　图七 金星（满天星）

图八 金晕　　图九 鱼子

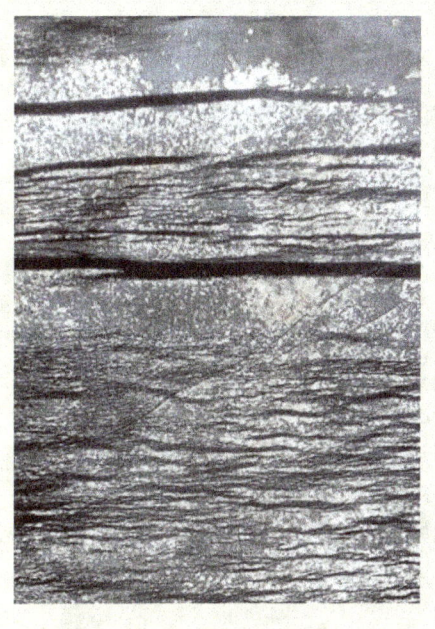 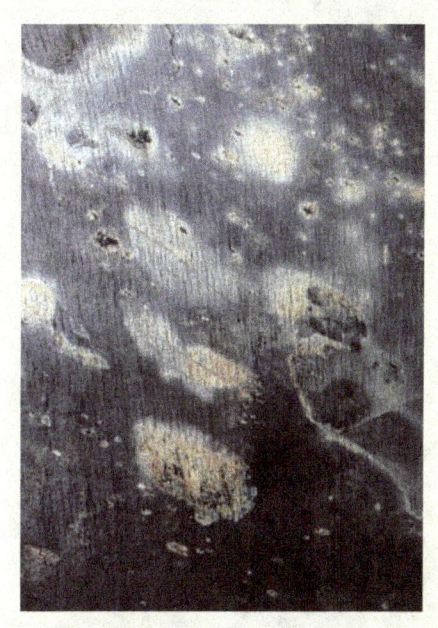

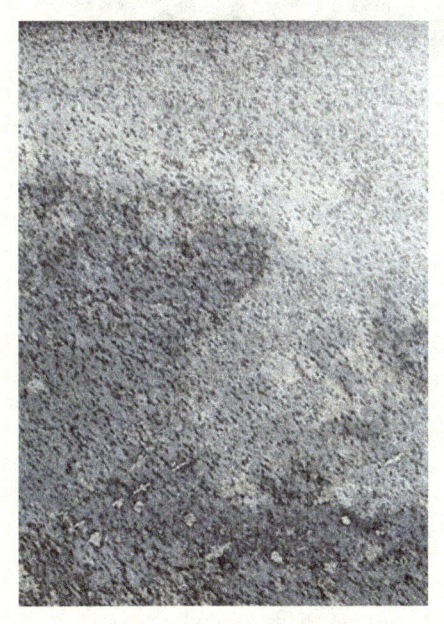 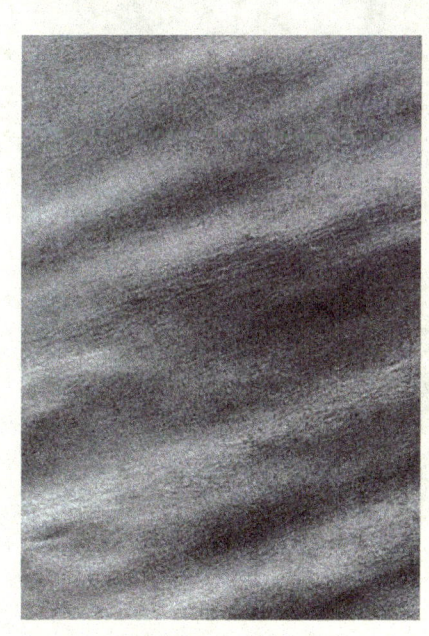

图十　金晕、水波纹、罗纹综合于一砚　　图十一　金星、金晕集于一砚
图十二　金晕、银晕、鱼子集于一砚　　图十三　水波纹（也叫水波罗纹，是罗纹的一种）

之别,不可盲信,需要请专家鉴别。若是流传有绪的真品,又有名人雅士的题识,则必定是文房至宝。

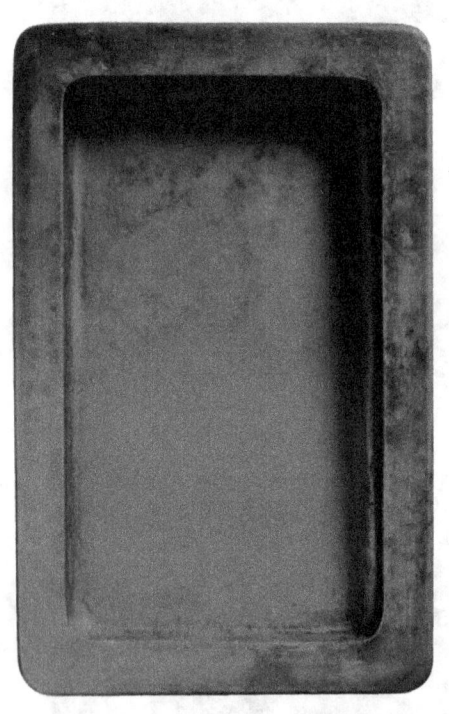
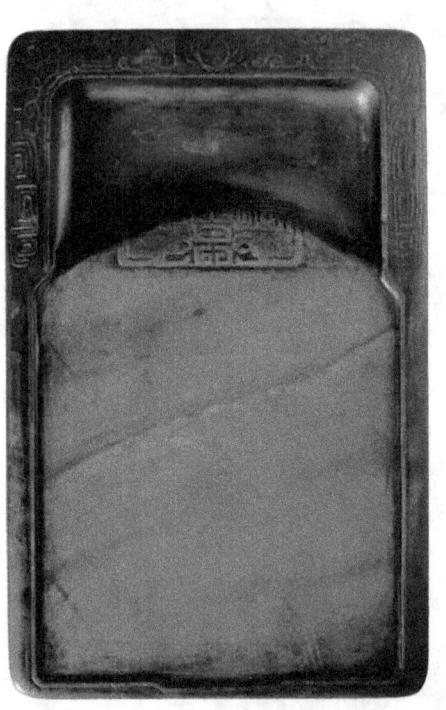

图十四 清代制作的龙尾山旧石歙砚(罗纹、水波纹、眉纹、金星)

说　砚

其三　洮河砚、澄泥砚

端砚、歙砚外，被列为四大名砚的还有"洮河砚"和"澄泥砚"。不过，从知名度、规模、产量、优劣、传世精品、收藏乃至实用等等各个方面综合评价，则很难和端、歙佳品相比。

"洮河砚"（也叫洮砚），产于甘肃临潭县（现甘肃省卓尼县洮砚乡），古称洮州，因砚石产于洮河，故名之。"洮河砚"始自唐代，宋代已名扬天下。《苏轼文集》卷十九有《鲁直所惠洮河石砚铭》，其云："洗之砺，发金铁。琢而泓，坚密泽。郡洮岷，至中国。弃矛剑，参笔墨。岁丙寅，斗东北。归予者，黄鲁直。"黄庭坚诗《刘晦叔许洮河绿石砚》："久闻岷石鸭头绿，可磨桂溪龙文刀。莫嫌文吏不知武，要试饱霜秋兔毫。"[1]宋赵希鹄《洞天清录·古砚辨》："除端、歙二石外，惟洮河绿石，北方最贵重，绿如蓝，润如玉，发墨不减端溪下岩。然石在临洮大河深水之底，非人力所致，得之为无价之宝。耆旧相传，虽知有洮砚，然目所未睹。"可知，洮河砚在当时知名度虽高，

（1）见《古典名著普及文库·东坡诗·山谷诗》，岳麓书社1992年版，P33。

但非常稀有，连赵希鹄都说"目所未睹"。明代的高濂在《遵生八笺·论研》中说："洮河绿石，色绿微蓝，其润如玉，发墨不减端溪下岩。出陕西，河深甚难得也。今名洮者，俱漵石之皮，乃长沙山谷中石，光不发墨。"[2] 可知，明代洮河砚多由漵石之皮仿代，是因为真正的洮河砚难采之故。其实，仿代的还有绿端石。明谢肇淛在《五杂俎·物部四》中说："洮河绿石，贞润坚致，其价在端上，以不易得也。"说出了"洮河砚"珍稀的原因。

洮砚石质种类不多，无论历史流传的洮河砚还是新近开出的洮河石，从颜色上分，大致有绿洮和红洮两大类，细分的话有：墨绿、碧绿、辉绿、翠绿、淡绿、灰绿、暗红、淡紫等。根据近年开采的石料情况，介绍于下：

墨绿　墨绿亦分深浅两种浓度。深色近于黑色。这种石料原曾产于卡古直沟。古称"玄璞"。近年在藏巴洼鹰子咀的矿带露头处曾采掘出一小批色泽墨绿的石料，通体晶莹如墨玉，黑中透绿，当就是古称之"玄璞"。

碧绿　绿色中稍显一点湖蓝成分，俗称曰："鸭头绿"，色如鸭头绿羽，纹理清晰，艳丽优雅。石质比较细嫩，发墨效果最佳，贮墨时日最久。这种石料产于喇嘛崖下层石料矿的宋代老坑中，产量较少。

辉绿　俗称"鹦哥绿"，比碧绿色相稍深而隐透亮。石理间带有雾气、团濡状的云气纹，纹色若隐若现，图案奇幻。石质纯净，杂质极少。辉绿石的储量较大，它不仅产于喇嘛崖石料矿带三层矿床的所有洞窟中，而且在水泉湾、卡布鹰子咀各点也有储藏。

翠绿　色如碧叶，又似湖水，绿色中稍泛天蓝淡色，色彩柔和平稳，纯度稍淡于碧绿石料。石理较纯净，石表多带白色、土黄色石膘和墨溅霞。石间多呈细线型水波纹，也有带淡色朦胧状雾气纹。

淡绿　色似柳叶，绿中泛白，俗称"柳叶青"。色彩淡雅素静，娇而不艳。石质细嫩纯净，石理间极少杂质，亦无各种纹理，通体一色，是洮砚石料中的珍稀品种。石质介于碧绿、辉绿石料之间。

灰绿　色泽绿中泛灰，呈石青色，色相浑浊，其绿色纯度最低。石理结构较粗糙，

（2）见《遵生八笺》，明高濂著，赵立勋、阙再忠、王大淳、李莹琤、李戎校注，人民卫生出版社1994年版，P561。

杂质筋线含量多，硬度较高，石表普遍带墨溅霞。石理中间或也有水波纹、云气纹。灰绿石料的发墨、贮墨效果较差，唯石料贮量最丰、采掘最易、分布最广。石质在洮砚石料中属中、下品。

暗红　色如羊肝而稍显血红，俗称"䴘䴘血"。䴘䴘，音 piti，一种水鸟，形状像鸭，也称水鸭子，因它脖子处有一圈暗红微紫的斑纹，洮河紫红石色与此相似，以它命名。这种石料曾一度产于喇嘛崖宋代老坑右侧。暗红石为洮石中的上品，可与辉绿石媲美。

淡紫石　产于纳儿村附近，石色淡紫，通体为均匀的水波纹，石料肌理较细密，仅次于暗红色石料。石质可居洮石之中。淡紫石料与暗红石料在石色上不易截然区分，被统称为洮河紫石。如果没有实物作具体对比，则很难鉴别。

总体看，洮河砚石与绿端以及部分歙砚、松花砚相近。因此，历史上的一些洮河砚往往被误定石种。

天津博物馆藏有一方北宋洮河石抄手砚，郑孝胥题："北宋洮河产砚"，另一面砚铭："黄河溢，钜鹿没。八百年，井中出。汝之心，坚且洁。照古今，若碧玉。"此砚绿中略呈黄色，且砚面石纹明显。于此上八种之外，另见宋时洮河砚石有黄绿之石质。（图一）

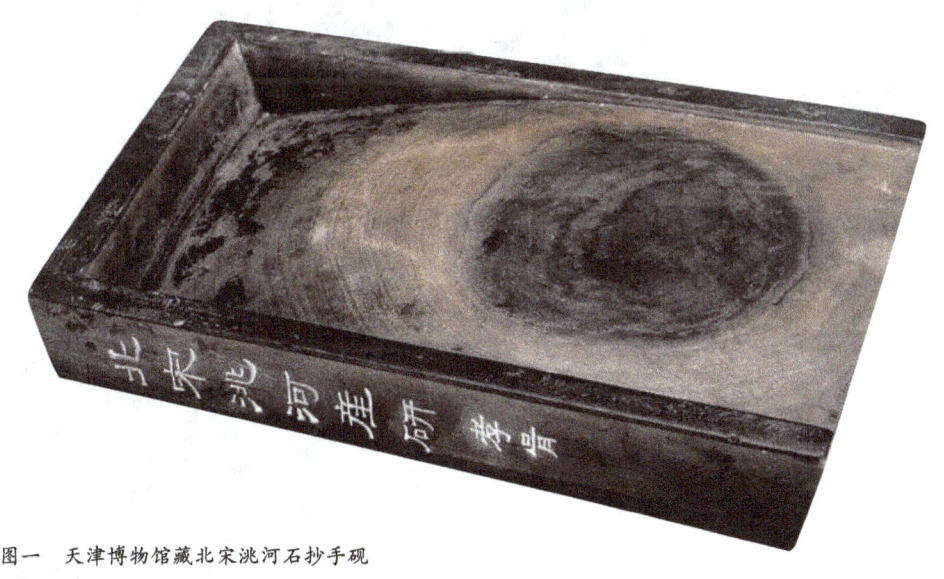

图一　天津博物馆藏北宋洮河石抄手砚

洮砚的坑洞主要有：喇嘛崖老坑和水泉湾老坑，即今甘肃卓尼县东北五十多公里的洮砚乡喇嘛崖一带的洮河峡谷。喇嘛崖底的矿坑称为宋坑，是现存最早的采矿点，后来，人们在喇嘛崖半山上开采出四个主要矿点。现在，在距喇嘛崖约200米的一座山上（当地人称它水泉湾）又寻找到另一矿带，成为目前的主要矿点。

传世洮河砚为数不少，故宫博物院等机构以及藏砚家都有不少收藏，从题材上看，以《兰亭砚》（图二）、《蓬莱山砚》、《应真渡海砚》、《十八罗汉砚》等最常见。所见多称

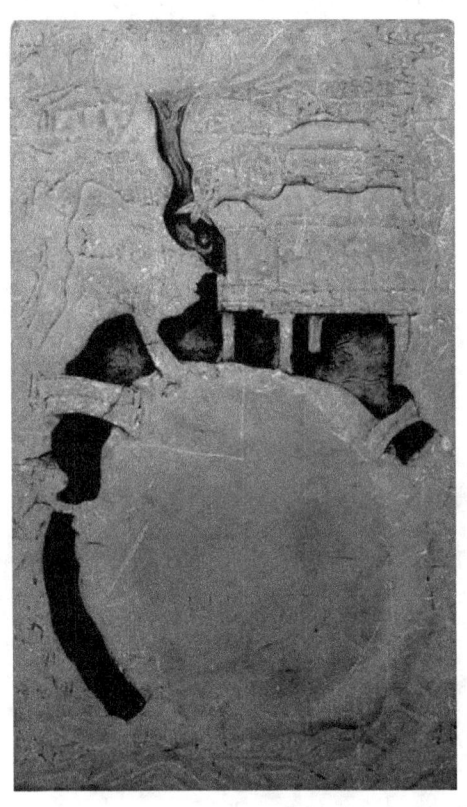

图二　故宫博物院藏宋洮河兰亭砚

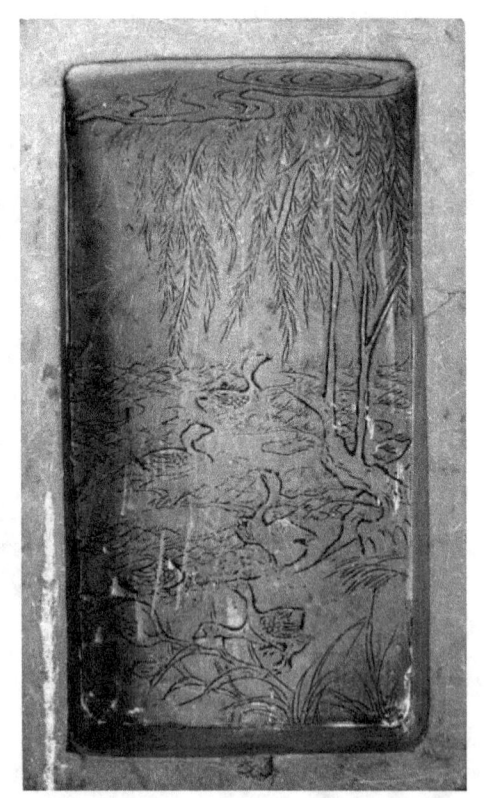

"宋砚"，但实际上，大多是明清时期所仿制。一部分是好事者用绿端假冒。洮河石一般认为宋以后没有开采，其实不然，历代都有开采，只是由于地处偏僻，采石难度较大，不如端、歙那样形成规模。现在开采技术提高，河床也有一些变化，采石比古代大为方便，产量也大大提高。不过，据说部分矿区已经被列为即将破土动工的"九甸峡水库"淹没区，水库完全竣工后，洮砚产量将大打折扣。

澄泥砚，也是中国四大名砚之一。古之澄泥砚通常认为产于绛州，即今之山西省的新绛县。当然，关于澄泥砚的产地，还有一些其他的说法，比如河南虢州说（米芾《研史》中称其为"虢州石"）、山东青州说等等，应该说，澄泥砚由于是泥制陶质，因此产地有多处是可能的。

澄泥砚具有贮水不涸，历寒不冰，发墨而不损毫，滋润胜水可与石质佳砚相媲美的特点，因此前人多有赞誉。

唐代著名书法家柳公权在《论砚》中说："蓄砚以青州为第一名，绛州次之，后始重端、歙、临洮。"

南唐进士张洎在《贾氏谈录》中说："绛县人善制澄泥砚，缝绢囊至汾水中，踰年而后取泥沙之细者已实囊矣，陶为砚，水不涸。"（张洎，字偕仁，全椒人。初仕南唐，为知制诰中书舍人。入宋，为史馆修撰翰林学士。淳化中，官至参知政事。是书乃洎为李煜使宋时，录所闻于贾黄中者，故曰《贾氏谈录》。前有自序，题"庚午岁"，为宋太祖开宝三年。）

同时代的苏易简在《文房四谱·砚谱》中指出："作澄泥砚法：以墐泥令入于水中，挼之，贮于瓮器内，然后别以一瓮贮清水，以夹布囊盛其泥而摆之，俟其至细，去清水，令其干，入黄丹团和溲如面，作二模如造茶者，以物击之，令至坚，以竹刀刻作砚之状，大小随意，微荫干，然后以利刀手刻削如法，曝过，间空埵于地，厚以稻糠并黄牛粪搅之，而烧一复时，然后入墨蜡贮米醋而蒸之五七度，含津益墨，亦足亚于石者。"(3)

宋《砚谱·诸州砚》："虢州澄泥，唐人品砚，以为第一，今人罕用。泽州道人吕翁作澄泥砚，坚重如石，手触辄生晕，上著'吕'字。青潍州石末砚，皆瓦砚也。柳公权以为第一，当时未见歙石，以为上品耳。"(4)

（3）见《钦定四库全书·子部九·谱录类·文房四谱》卷三。
（4）见《钦定四库全书·子部九·谱录类·文房四谱》卷三。

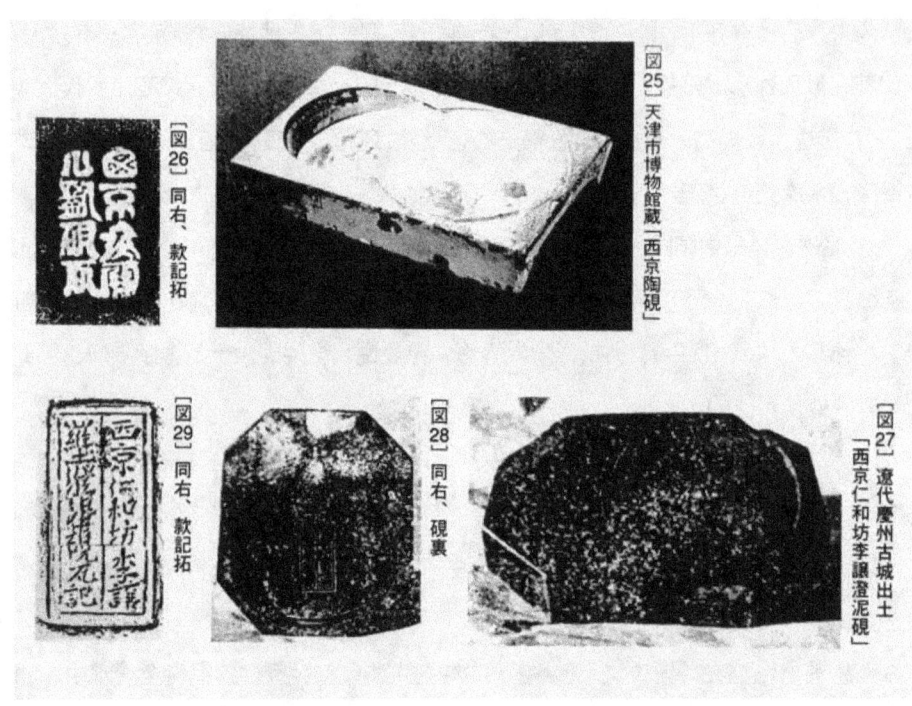

图三　西京冬关作监砚瓦，西京仁和坊李让罗土澄泥砚瓦记（铭拓）

明谢肇淛《五杂俎·物部四》："江南李氏有澄泥砚，坚腻如石，其实陶也。有方者、六角者，旁刻花鸟甚精，四周有罗笺纹，较之铜雀（即铜雀瓦砚），又为良矣。"

明高濂《遵生八笺》："唐之澄泥砚品为第一，惜乎传少而今人罕见。"[5]

澄泥砚的制作工艺流程到宋代已十分规制，并且出现了制砚的巧匠高手，其中最著名的为山西泽州的吕道人，他制作的澄泥砚最为有名，苏轼的《东坡题跋》中有这样一则记事："泽州吕道人沉泥砚，多作投壶样，其首有吕字，非刻非画，坚致可以试金。道人已死，砚渐难得。元丰五年三月七日，偶至沙湖黄氏家，见一枚，黄氏初不知贵，乃取而有之。"

从传世和出土资料上看，澄泥砚最早要追溯到魏晋南北朝时期。《文物》报告中，

（5）见《遵生八笺》，明高濂著，赵立勋、阙再忠、王大淳、李莹琤、李戎校注，人民卫生出版社1994年版，P562。

1955 年西安东郊郭家滩工地唐墓出土一方有年号的澄泥砚。铭曰："武定七年（东魏年号，公元 549 年）为庙造。"首都博物馆现藏有"唐西京澄泥砚"一方，上有铭文："西京南门史思言罗土澄泥砚瓦记"。这些都属于早期的澄泥砚，陶质感明显。发掘报告中还有其他的年号，乃至制作人名款的澄泥砚，以唐宋为多。比如："西京冬关作监砚瓦"，"西京仁和坊李让罗土澄泥砚瓦记"^{图三}，"泽州吕砚"，"泽州路家丹粉罗土澄泥砚记"，"虢州法造润金砚子"，"元丰六年造砚子记"，"绍圣元年八月二十八日大刘希造砚记瓦"，凡此等等。乾隆钦定的《西清砚谱》中录载砚品共二百四十方，其中澄泥砚占五十一方（铭文中题名绛州的澄泥砚就有十一方）。澄泥砚由于制作相对简单，实用美观，有的制作工艺繁复，有的精美绝伦，因此历代藏砚家们都非常喜爱。

澄泥砚用特种胶泥加工烧制而成因烧制过程及时间不同，可以是多种颜色，有的一砚多色，常见的有：鳝鱼黄^{图四}、蟹壳青、虾头红^{图五}、朱砂红^{图六}、绿豆砂、玫瑰紫、紫檀紫（参见图五表层色）、鱼肚白等不同颜色。以鳝鱼黄、蟹壳青最多。尤

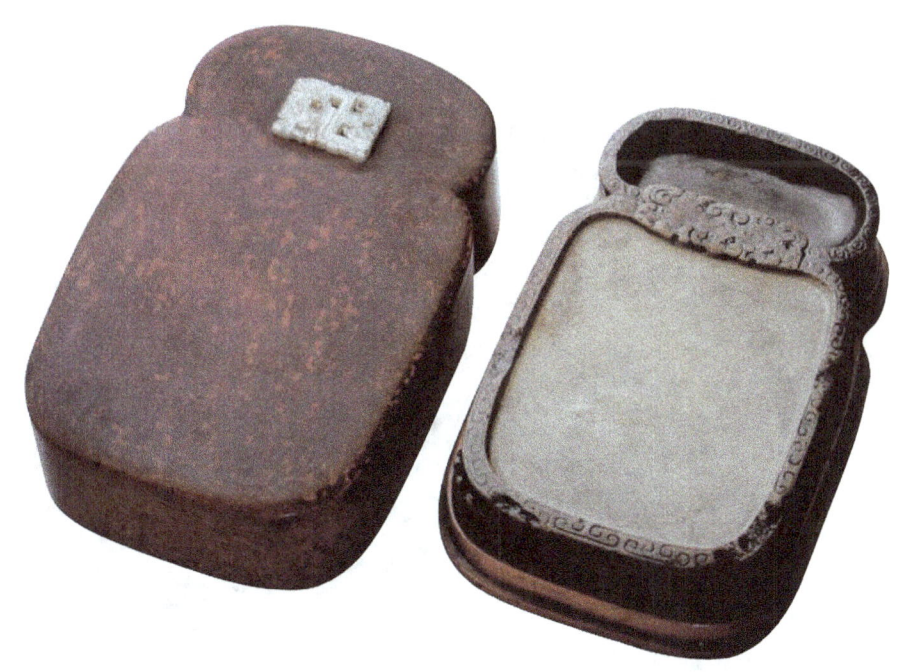

图四　故宫博物院藏明代鳝鱼黄澄泥夔纹砚

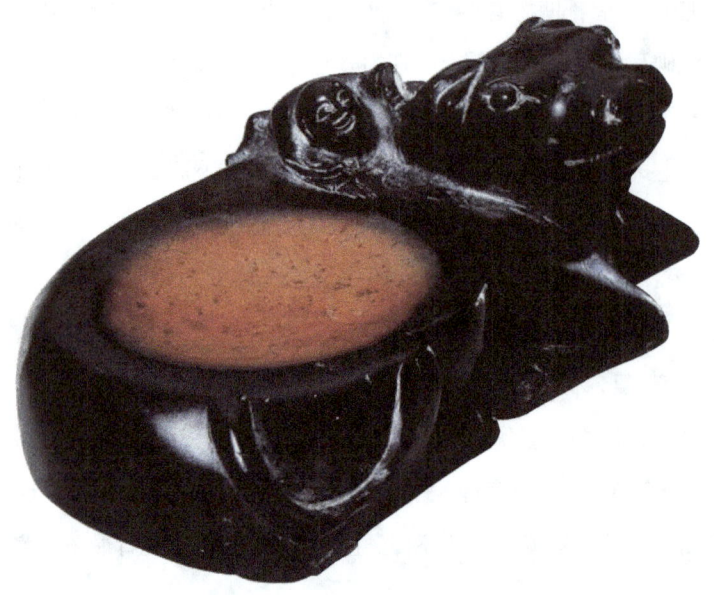

图五　故宫博物院藏明代澄泥牧牛砚（砚海为虾头红）

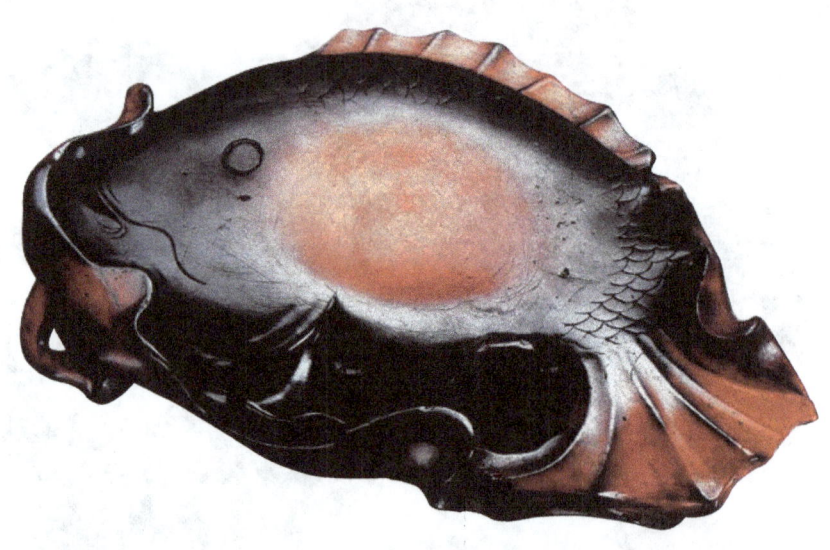

图六　天津博物馆藏明代澄泥荷鱼朱砂红砚

其讲究雕刻技术，有浮雕、半起胎、立体、过通等品种。砚体形有圆、椭圆、半圆、正方、长方、随意形等。雕式极多，有：耳瓶、二龟坐浪、海兽哮月、八怪斗水、仿古石渠阁瓦（图七）等立体砚。平面雕刻有山水人物、草树花卉、走兽飞禽（图八、图九）；又有犀牛望月、台山白塔、嫦娥奔月等。这些雕砚刀笔凝练，技艺精湛，状物摹态，形象毕肖，灵通活脱，逗人情思。近人陈端友所制，更是巧夺天工。置于桌畔案头，既是文房中实用的四宝之一，又是可供观赏的艺术珍品。

当代，有以苏州灵岩山麓村石制作砚台，近似于古代澄泥砚。由于有个别人以此石制作之砚充作"澄泥砚"，以至于造成对澄泥砚材质的质疑，部分学者据此认为澄泥砚就是"石质"而非陶质，也有将澄泥砚划分为新旧两大类，将苏州灵岩山石称之为新澄泥砚。

古之澄泥砚，不容置疑，是属于陶质类，存世无数，这是历史事实。不过，也不乏以苏州石制作者。不光是当代，其实明清两代都有为之者。大家在购买澄泥砚时，要注意其材质，以免受骗上当。

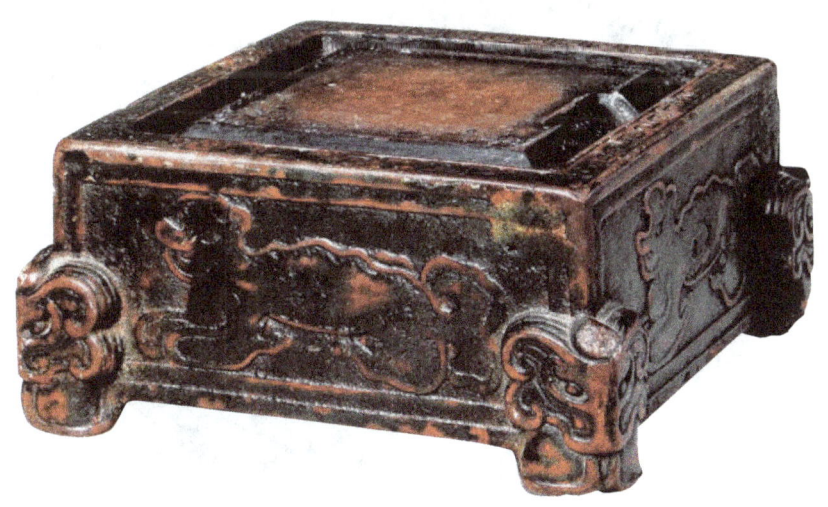

图七　故宫博物院藏清乾隆澄泥石渠砚

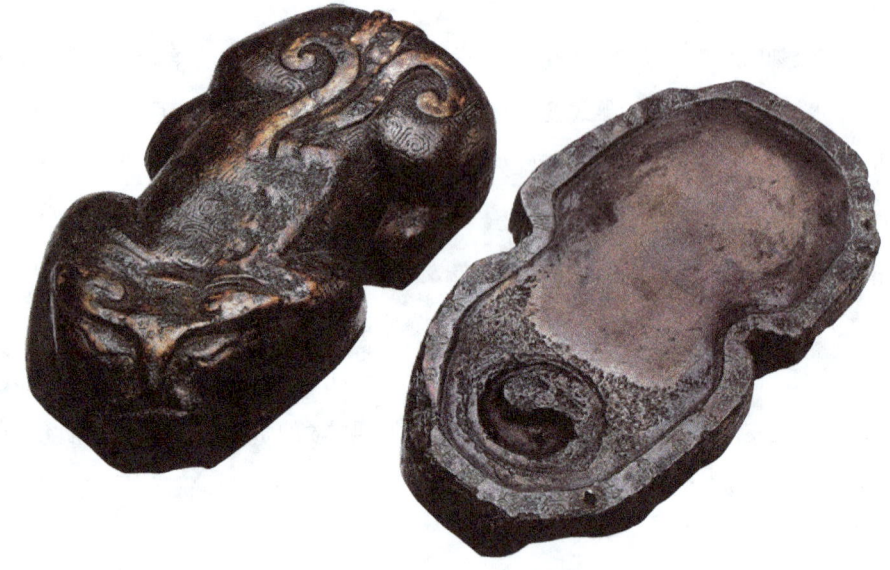

图八　台北故宫博物院藏宋澄泥虎符砚

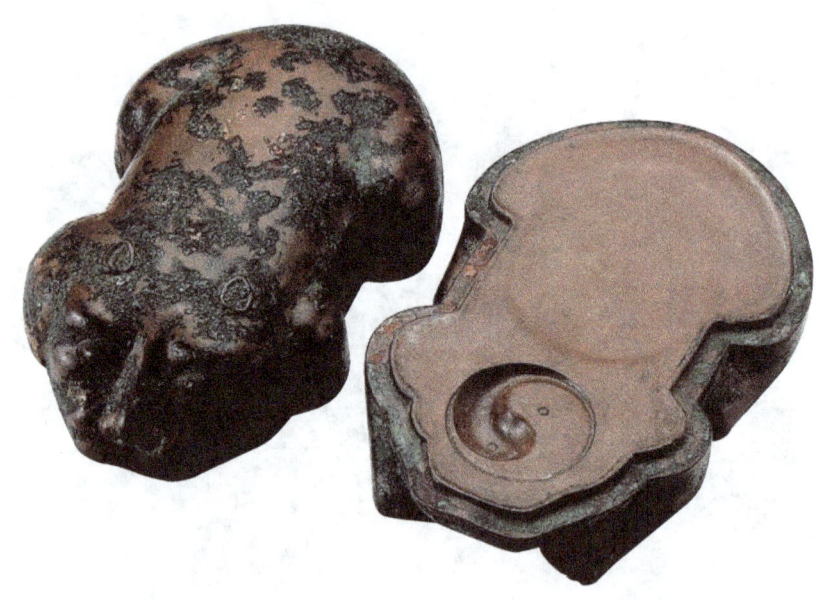

图九　台北故宫博物院藏清乾隆仿澄泥虎符砚

说　砚

其四　其他

四大名砚以外，还有很多种类的砚台。

其一是四大名砚之外的石砚类。

首先是鲁砚。山东益都县（唐属青州，今在潍坊市、淄博市、青州市一带）产的红丝石砚^(图一)、紫金石砚，临沂附近的徐公石砚，即墨市产的田横石砚、温石砚，蓬莱市产的驼矶岛石砚，泰安附近产的燕子石砚、曲阜附近产的尼山石砚，费县与临沂市交界处产的箕山石砚，莒县的浮莱山石砚等等，统称为"鲁砚"。

其次是松花石砚。吉林松花江上游产的松花石砚^(图二)，在清代非常有名。原因之一，是清朝皇族的"家乡"所产之石，清代皇帝从康熙到乾隆，都曾以松花石命造办处制砚赐给大臣们，颇为世所重。至今，因为砚底刻有康熙、乾隆等皇上的御题，而价值不菲。实际上普通松花砚的石质一般，并非珍稀砚石种类，属于比较普通的石砚。

此外，湖南洞庭湖附近的明山黎溪产黎溪石砚；泸溪县产的蛮溪石砚；长沙附近的浏阳石砚和菊花石砚；湘西产的痒纹砚等等。四川产蒲江县的蒲石砚，石柱土家族自治县产的金音石砚（另与三峡石砚、夔砚，合称为巴渝三大名砚），金沙江边产的

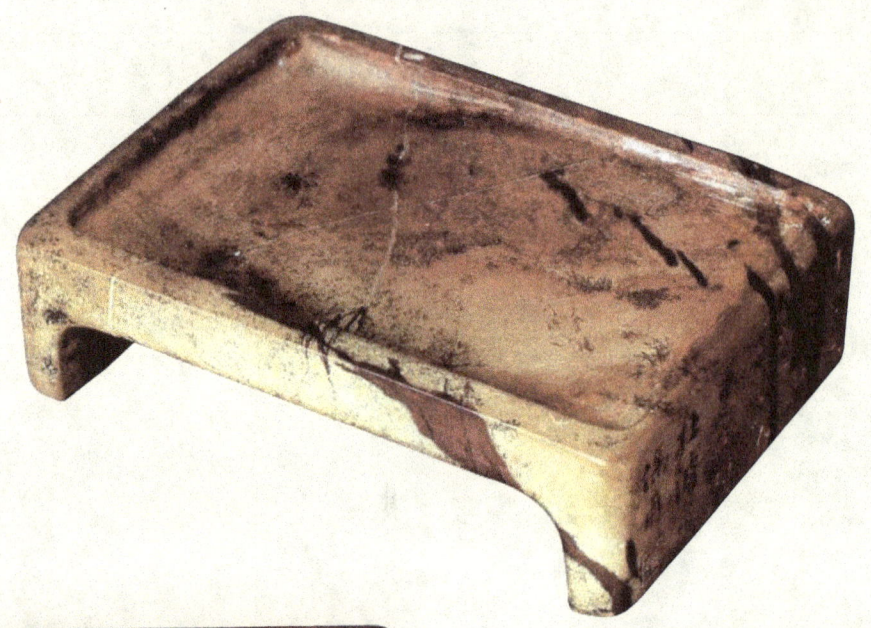
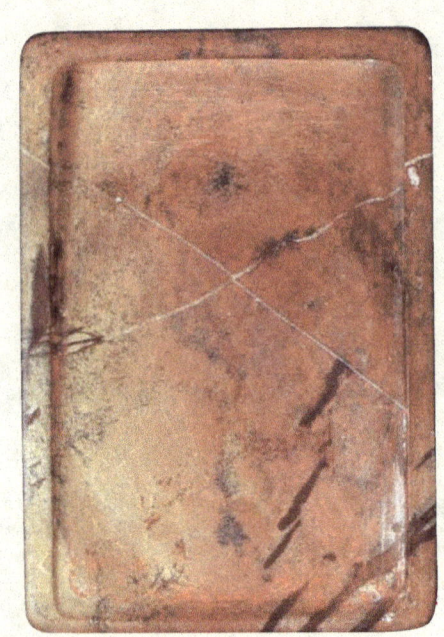
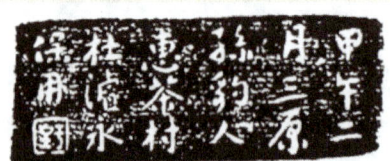
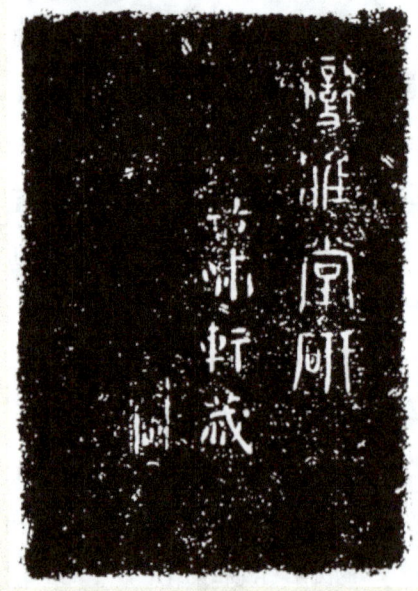

图一　台北故宫博物院藏明杜睿红丝石砚

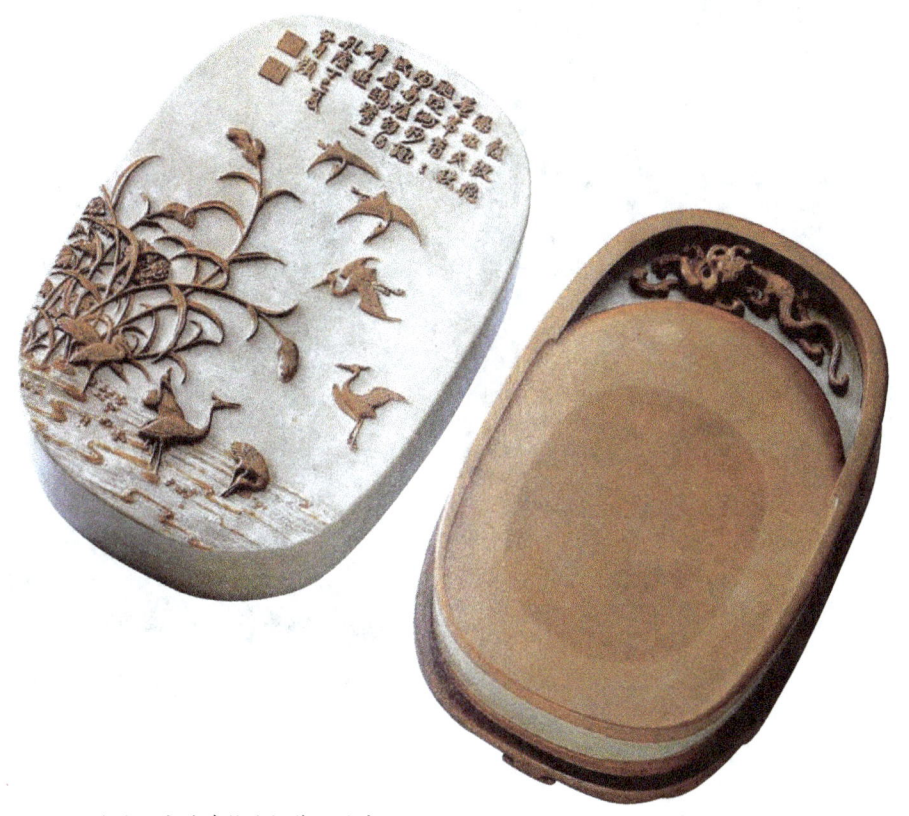

图二　台北故宫藏清乾隆松花石蟠螭砚

苴却砚等等。福建莆田产的黄化石砚；建瓯市产的建州石砚等等。江苏省吴兴产的麓村石砚^{（图三）}；湖北省归州产的大沱石砚；河北河南间所产的鱼子石砚，易水县产的易水砚；河南省卢氏县产的虢石砚，济源市产的天坛砚；甘肃省嘉峪关附近产的嘉峪石砚；北京房山区附近产的青石砚；山西五台山产的五台山石砚，陕西汉中产的香石砚，以及大理石砚、化石砚、煤精石砚，乃至古代碑文残石砚、造像石砚，以及一些不知名石砚^{（图四）}等等，各地都产有石砚。笔者的家乡——浙江衢州，也产石砚，在江山市与常山县交界的砚山，因衢州古代称"西安"，故名为"西砚"，因与歙砚为同一山系之石，

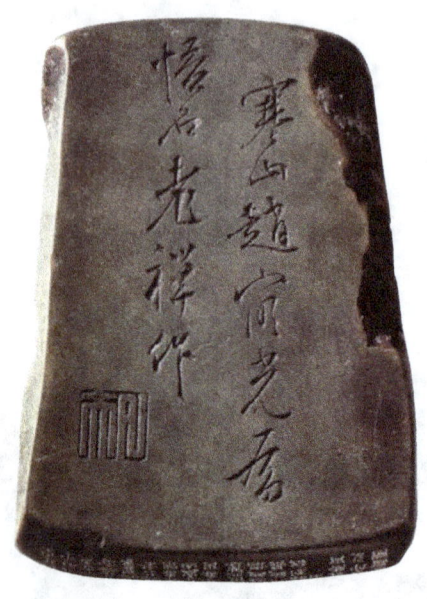
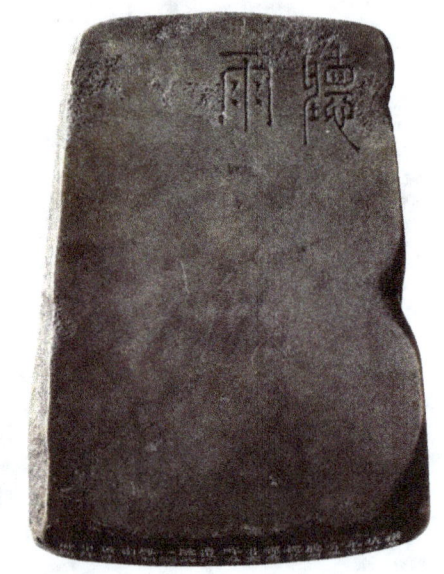

图三　台北故宫博物院藏宋艤村石听雨砚

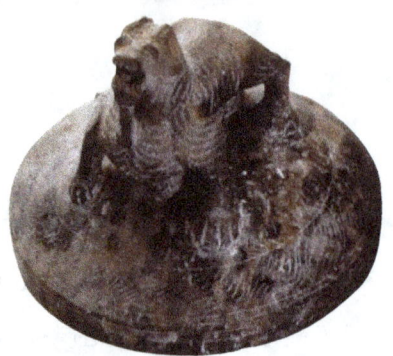
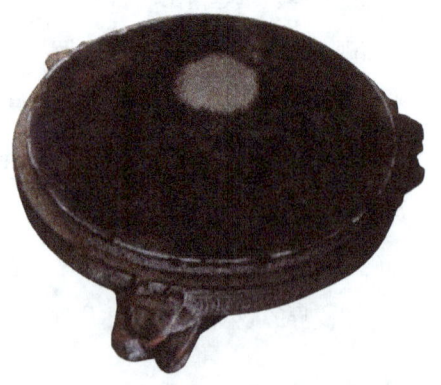

图四　北京故宫博物院藏汉辟邪盖三熊足石砚

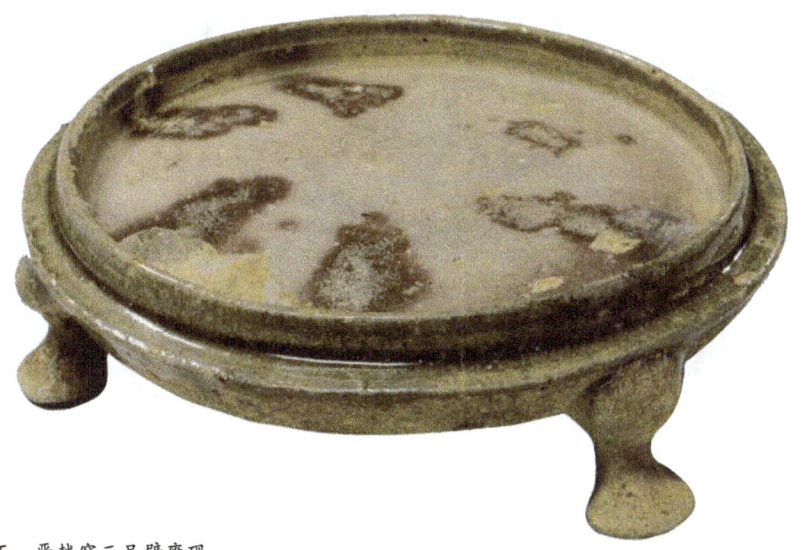

图五　晋越窑三足辟雍砚

而往往被归为歙砚类。《遵生八笺》载："浙之衢石，黑者亦佳，多不发墨。"[1]

全国各地所产石砚种类繁多，难以计数，也难尽列，但无论数量、石质、品种、知名度，均无法与端、歙两大石砚相抗衡。

国外，日本有长州的赤间砚；甲州的雨畑砚；江州的高岛石砚；仙台的玄昌石砚等等。朝鲜半岛有高丽石砚，其中以出产在鸭绿江边的渭原石砚较佳。

其二，是澄泥砚以外的陶瓷类。早在汉代就有陶砚，北京故宫博物院藏有汉代的"十二峰陶砚"。南北朝时期陶砚很盛行，西晋时期三足辟雍砚（图五）是越窑比较典型的陶砚，南北朝、隋唐时代的辟雍砚足越来越多，故宫博物院所藏中有二十二足、二十九足辟雍砚等等。唐代还有三彩辟雍砚等，宋之后，青瓷砚、白瓷砚、辽三彩砚（图六），元明清有青花砚（图七）、五彩砚、单色彩瓷砚、紫砂砚等等，陶瓷砚渐渐从实用砚台转为观赏性砚台，进而成为文房摆件的一部分了。

（1）见《遵生八笺》，明高濂著，赵立勋、阚再忠、王大淳、李莹玲、李戎校注，人民卫生出版社1994年版，P561。

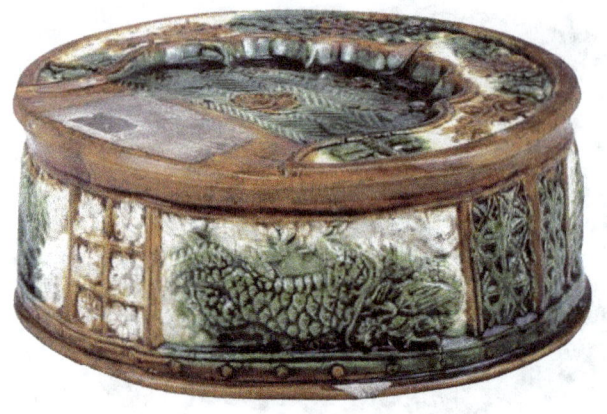

图六　内蒙古自治区宁城县博物馆藏辽三彩圆形砚

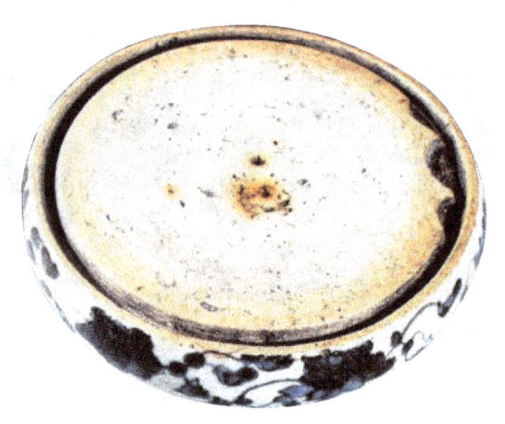

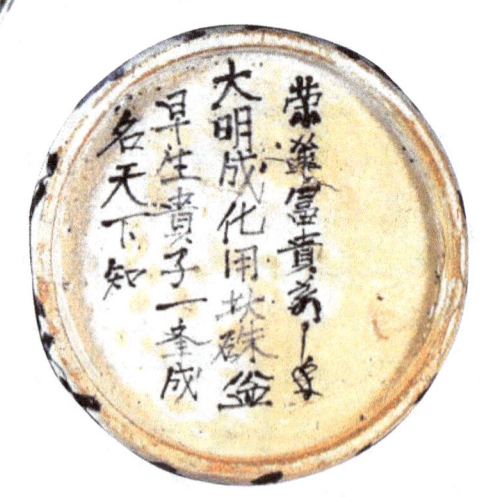

图七　北京市文物公司藏明成化青花缠枝花卉砚

其三是玉砚。玉砚始于汉代，也是很早出现的一类砚台。只是由于玉质坚硬，不易制作，加之过于光滑不宜研磨而未能普及。玉质主要有白玉、黄玉、青玉、碧玉、墨玉等，清代又有岫玉、独山玉、南阳玉等，之外还有翡翠砚[图八]。玉砚基本属于观赏类，而少实用性。因此，与明清瓷砚相近，属于文房摆件。

其四是金属砚。金属砚也始于汉，是非常早就出现的砚台种类。江苏省徐州市出土现藏南京博物院的汉鎏金兽形铜盒石砚，外形为铜鎏金镶嵌珊瑚、青金石、绿松石等等，非常漂亮，光彩夺目。中间藏有一砚石，是石砚与青铜器的有机结合。

安徽省博物馆藏有一方邓石如常用的铁砚——"笈游道人款铁砚"，砚底有邓石如篆书"笈游道人"四字，颇为著名[图九]。而类似[图十]的明代铁砚底部可置木炭，以防冬天墨汁冰冻，适合北方冬天使用。

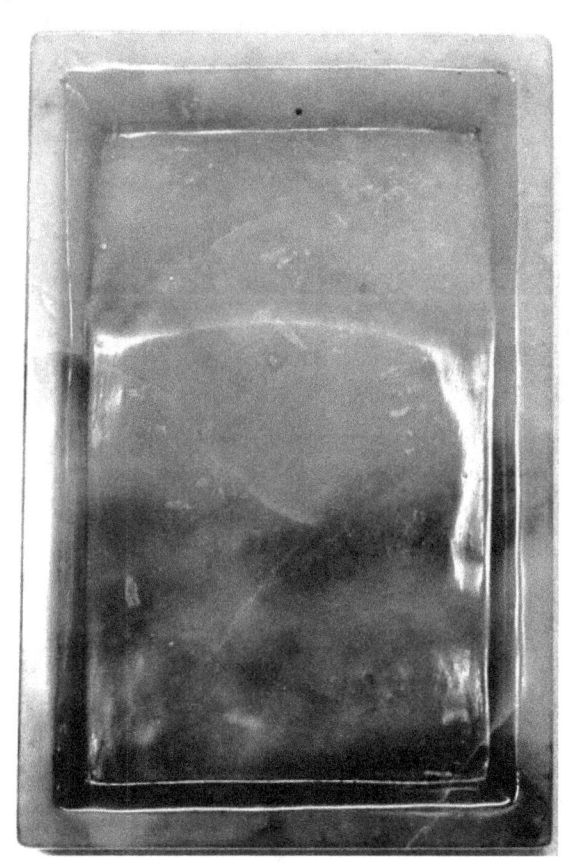

图八　清翡翠砚

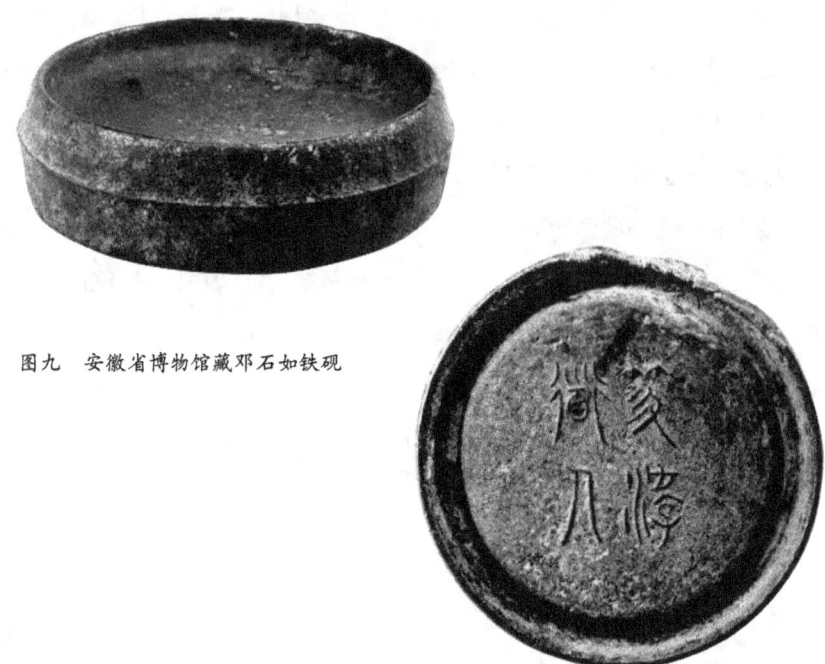

图九　安徽省博物馆藏邓石如铁砚

金属砚还有金质、银质、铜质、锡质以及其他金属者。

其五是砖瓦砚。将古代砖瓦制作成砚，大约始于唐代，唐吴融（850—903）《古瓦砚赋》云："无畏乎柔而无刚，土埏而为瓦。勿谓乎废而不用，瓦断而为砚。"以瓦为砚，盛行于宋代。宋代好古之风兴盛，有好事者便将出土的汉瓦制成砚台。清宫的《西清砚谱》收有瓦砚六方，其中《（大汉十年）未央宫东阁瓦砚》有宋元明清各家如陆游、虞集、宋濂的题铭，乾隆御题，梁诗正、张若霭、董邦达、汪由敦、励宗万、裘曰修、陈邦达等赞铭，可知是宋时制作之汉瓦砚。宋欧阳修云："今见官府典吏，以破盆甕片研墨，作文书尤快也。"[2] 由于宋时喜欢古瓦砚者颇多，作伪者也盛行。《文房四谱》记载说："即今大名相州等处土人，有假作古瓦之状砚，以市于人者甚众。"《西清砚谱》藏汉《（建安十五年）铜雀台瓦砚》五方（图十一），质材皆不相同，且与当今出土的铜雀瓦亦不相同，可知其中或有后造者。利用汉砖制砚，也是常见者，《西清砚谱》收有一方《汉砖石渠砚》，说是汉砖，但已经经过制作成石渠砚式，看不出汉砖的原貌。

（2）见《欧阳文忠公全集》第七十三卷。

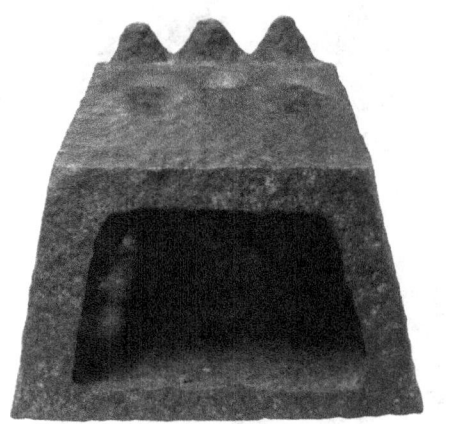
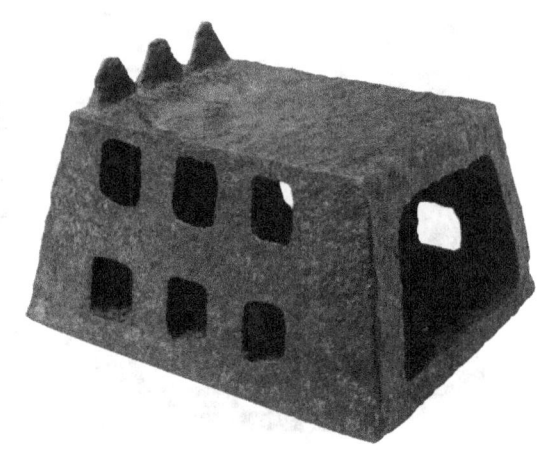

图十　宋至明间铁制暖砚

在清代多有以汉瓦当（长生无极当、长乐未央当等等）^(图十二)、汉砖（万岁不败砖、年号砖等等）制成砚的，另外还有用钱范等^(图十三)，别有情趣。只是，砖瓦属陶类，泥质大多稀松，挥发太快，不宜储墨。尽管有的在砖瓦上涂油，涂漆等等，但不及澄泥砚。可以说，砖瓦砚的文房摆件意义大于实用性。

其六，其他杂砚。有漆沙砚、生漆砚、玛瑙砚、水晶砚、象牙砚、骨质砚、木制砚、竹节砚、料器砚（玻璃）等等，不一而足。

无论是什么种类的砚台，都具有实用和赏玩两个方面的意义。实用方面考虑，以石质为主，则新旧并不特别重要。石质当然以四大名砚为主，特别是端砚，次为歙砚。前面已经说明过，石质的挑选，除了看产地外，还要看坑洞，如端砚的老坑之类，再要看石质的粗细、花纹，进而选择自己喜爱的样式、雕工等等。这里就涉及了观赏，尽管各有喜好，但有雅俗之分。近年所见各地砚台，雕工大多恶俗，或龙或凤，或人物故事，立体雕刻，大多不堪入目。文人应该喜爱的砚式，当以素雅为主，即便雕龙画凤，也应该以"雅"字为准。最好是与历代名砚相对照，可知雅俗之分。

砚台的实用最好能与赏鉴结合起来。名石、名品、名工、佳制，都极为重要。进而，

说砚　其四　其他

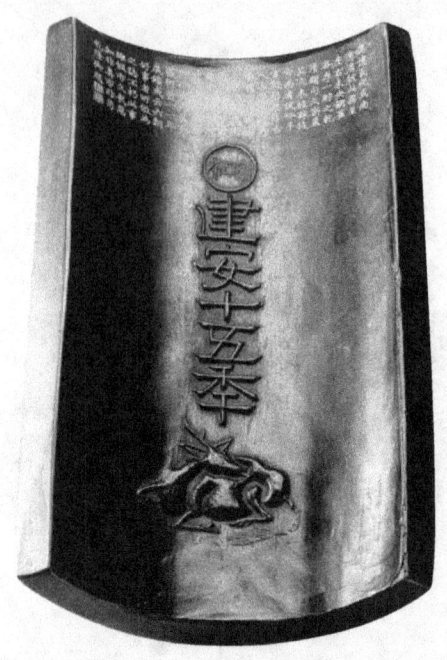
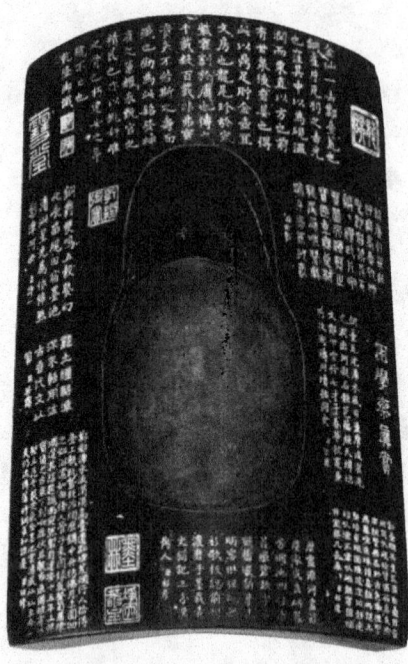
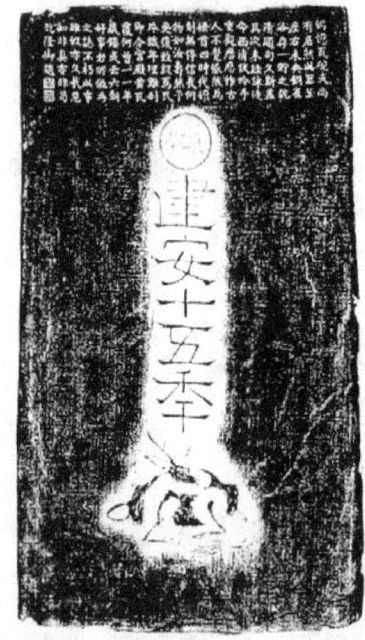
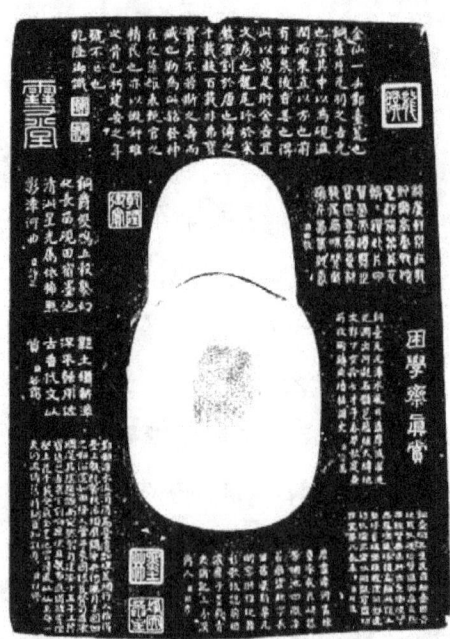

图十一　台北故宫博物院藏汉铜雀瓦砚

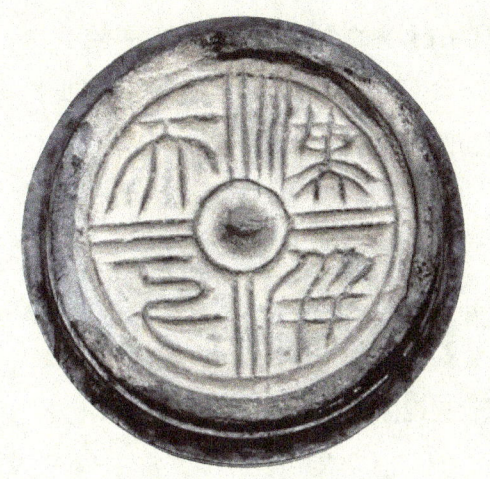
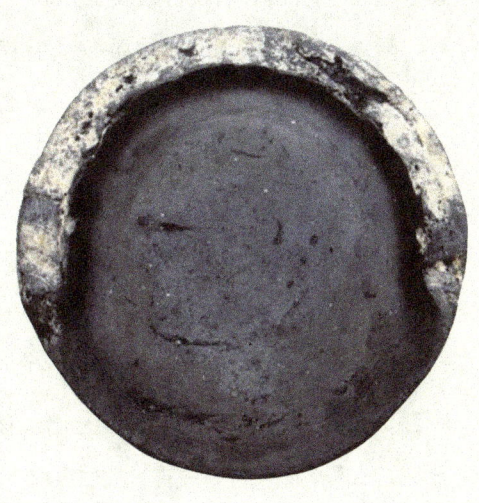
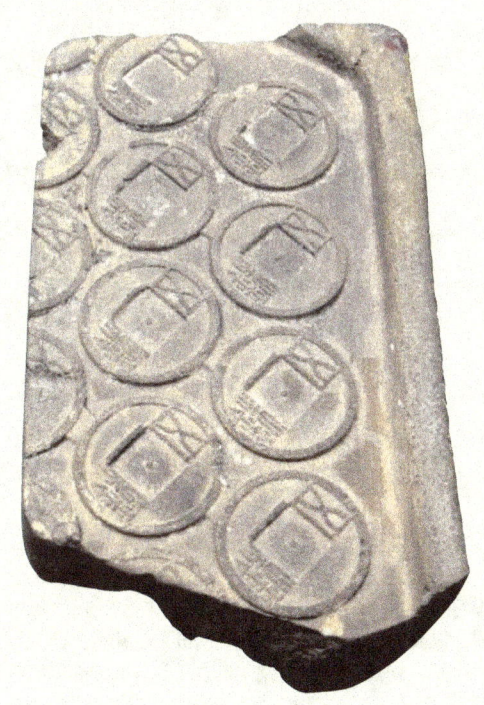
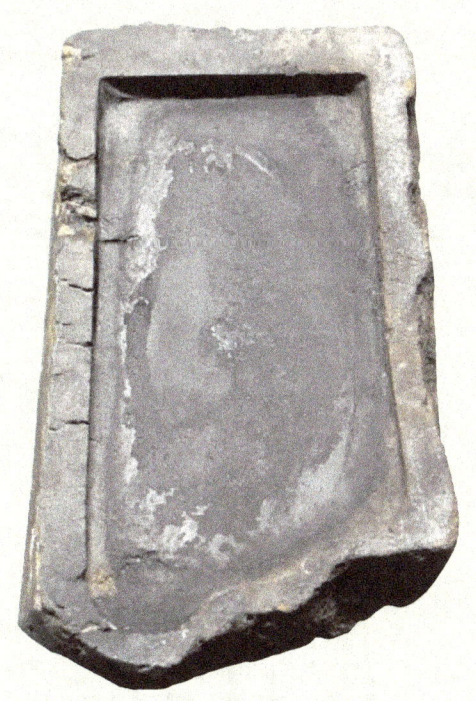

图十二　汉"汉并天下"瓦当砚
图十三　汉钱范砚

还要看砚台的传承，看砚台藏家曾经留下的铭文（如果有铭文的话，还要鉴定其真赝）。

陶瓷、澄泥、玉质、金银质等等，也都具有比较高的赏鉴价值，但也要看其年代、品质、工艺等等。历代藏砚家无数，以清宫旧藏为最。其所藏有《西清砚谱》传世，数量多（正谱二百方，附录四十方，合为二百四十方），质量精。现在台湾、大陆都有彩色精印出版物发售，如有感兴趣者，可以购读。这批砚台现有九十五方藏于台北故宫博物院，大家有机会也可以前往参观。其他的砚台，部分藏于北京故宫博物院等公私藏家，部分已经散佚。私人藏砚，以清中期的高凤翰（南阜《砚史》一百六十余方）、纪晓岚《阅微草堂砚谱》，清末的沈石友《沈氏砚林》等为著名。其中的沈石友所藏计一百五十六方，日本二玄社出版有《沈氏砚林》。这批砚台20世纪20年代末悉归日本著名画家桥本关雪，战后散藏于日本公私各家。其中的七方，经常驻日本的中国台湾富商林朗庵[3]转归其叔林氏兰千山馆。近年陆续有部分《沈氏砚林》中砚台流往大陆，成为拍卖场上的宠贵。不过，尚有百十余方，依旧藏于日本各家，大多尚未曾面过世。

当代藏砚家，以台湾林柏寿最负盛名。其中部分藏砚是其侄子林朗庵所转让的名品。因此，可以说这批砚台有很大一部分是从日本传往中国台湾的。林伯寿先生后来将其所藏砚台与历代书画精品一起捐给了台北故宫博物院[4]。台湾出版有《兰千山馆名砚目录》，乃故宫接受捐赠而举办的特别展览之图录，颇有参考价值。又，二玄社出版有《古名砚》五册，共选刊三百四十八方历代名砚，是日本各家所藏砚台名品集大成者。

砚台作为文房四宝之一，不仅是书法家们的文房宝物，也是历代藏家喜爱收藏的重要文玩，更是中华文化艺术传承的载体之一，其价值也在不断得到各界人士的认可。

顺便说一句，当今书画界，普遍使用墨汁，使用砚台的人越来越少，以至于很少

（3）林朗庵（1897—1971），名熊光，字正子，号朗闇、朗庵、琅盦、朗盦，斋堂为磊斋、宝宋室等。台湾台北板桥林本源家族成员之一，林伯寿之侄。光绪二十三年三月七日（1897年4月8日）生于厦门鼓浪屿。从小即被送往日本皇家学校学习院就读，高等科毕业后转入东京帝大，1923年毕业于该校经济部商业科。随即返台投入实业界，以其所得之家产，创立朝日兴业株式会社，并任社长。1920年创立之大成火灾海上保险株式会社，初任监察人，1925年改任常务取缔役（常务董事），其后被推为取缔役社长（董事长）。性喜读书，雅好书画古董，有极高之鉴赏蒐集能力，为一代著名书画砚台藏家。尝得赵伯驹《海天落照图》、金李平甫《江乡落照图》、明王履《渔村夕照图》、明李日华《夕照归鸦图》，宝贵逾恒，因颜其室曰"四照堂"。之后又得宋人徐熙《蝉蝶图》、米友仁《江上图》、李公麟《春谦图》，以及燕文贵《夏山行旅图》，皆是真迹神物，遂易四照堂为"宝宋室"以宠之。著有《宝宋室笔记》。

（4）见《兰千山馆书画》（书迹、绘画），日本二玄社出版。

有书法家的家中藏有像样的砚台,这是个非常遗憾的现实。其实,墨汁多由化学物质"炭黑"制成,并非原来意义上的烟墨,因此其墨色、持久性等等,都远不及传统意义上的手研墨。传统的砚台在逐渐淡出书画家的工具范围。

很希望能唤醒大家鉴赏、使用传统砚台的欲望,尽管大可不必像米芾那样爱砚如痴,但希望大家能通过阅读笔者有关砚台的数篇常识性小文,进而喜欢、收藏、赏玩砚台,也不枉笔者撰文著述了。

说　墨

其一　墨的简史

一说到墨，我们脑海里浮现出的，大概是"墨汁"而不是使用墨锭自己研墨吧？因为中国当今书画家所使用的墨，几乎一网打尽，全用墨汁了（主要是"一得阁"墨汁、"曹素功墨汁"等，也有一些用日本产的墨汁），而传统所谓的墨块呢？渐渐地被书画家们淡忘，成为一种历史，一项供藏家、爱好者们赏玩的艺术品、工艺品，或者说是古董了。这是历史的进步还是历史的悲哀？

笔者曾写文章说，自己虽不是什么书画大家，却还是想要保持传统文人的一点自尊心，宁愿节衣俭食，也是要在意自己使用的"饭碗"道具，尽量不用墨汁，而去费时费力费金钱地选一块上佳砚台，一锭旧墨，自己研磨。

"上佳砚台"，已经在前的文章中作了比较详尽的讲述，而为什么要使用"旧墨"？则有其缘由：其一，从化学成分角度说，墨由烟尘（或松烟，或油烟，还有的使用漆烟等等，烟尘是墨的主要成分）、石墨（煤炭类）、胶（鱼骨胶，鹿骨胶，还有一些其他胶质）、珍珠粉、麝香、冰片、动物胆囊、丁香等等，这些混合物中，除烟与石墨外，其他的都是属于黏合剂、防腐剂、香料类，有一定的时效，超过一定的时间，墨经过自然空气的氧化，由生变熟，则药性、黏性降低，胶质败退，墨性增强，墨色变得沉稳而好看。就如同陈年普洱茶、老酒等等，越陈越醇。化学反应造成的，具有科学依据。当然，用料、配方、保存状况也有关系，上好的材料，合理的配方，加上良好的保存状态（需存放于干燥通风处，慎防霉烂腐败），则为上好"旧墨"了。如果再讲究的话，那就是制作人、厂家、式样、模子雕刻工艺等等形式上的问题了，就像是产品的品牌，明代罗小华、程君房、方于鲁等名家的墨不用说，清三代（康熙、雍正、乾隆）时期的"贡墨"、"御墨"，也都是顶级的，这种顶级墨，一般舍不得用，是真正的"古董珍玩"，而清末、民国时期比较好的旧墨，就成了我们写字画画的首选。历来文人喜欢使用旧墨，其实就是这个道理。

其二，所谓"旧墨"是相对现在的"新墨"而言的。从前制作成本低廉，松烟墨所用的松树，数十年前可以就地取材，黄山地区也正是因为盛产古松，适合制作松烟墨，制墨家才云集于此地。当年可以采伐到上百年的古木，而今已不能就地取材，"封山育林"乃当今国家大计，谁敢砍伐松林？哪怕是十年、廿年的新松！于是，松烟，便成了"松枝"墨了。松枝上不含油脂，因此做成墨，基本没有光泽，与本来意义上的"松烟"，相去甚远。油烟所用之"桐油"、"菜籽油"、"胡麻油"等植物油，目前还能容易采得，但油烟所用之油价上涨不说，点油取烟系原始作坊式工艺，早已经被当今各大墨厂所淘汰，代之以"精烟"、"墨精"等从石油中提炼出来的工业用"炭黑"，是化学物质，已非本来意义上的墨了。再说，很多珍贵药材、香料如麝香之类，从前不被禁用，更非天价，因此墨块中所用皆天然香料。现在，麝香早已被国际条约明令禁止使用，香料已经改用化学香精了。这样生产出来的墨块，与"墨汁"何异？都是化学制剂，非我等文人传统用墨。

再者，从前，哪怕是民国时期，读书者能有几人？读得起书，上得起学，用得起墨块的人，到底不算多，属于精英层。不似现在，九年义务教育，社会已经没有"文盲"概念，全民皆为读书人，何况现在人口也在大幅度增长，则用墨的量上增加了多少倍？已无法计算。墨的需求量以数万倍、数十万倍地增加，直接影响到"墨"块产量大幅提高。逼迫厂家在现有的条件下，甚至是越来越艰苦的生产环境下，扩大生产，其结果是大家可以想象得到的。除了产量增加，其他的也就都降低了，质量无以保证，则不敢使用"新墨"是有实际原因的。

还有，就是当今社会"金钱至上"，在经济利益的驱动下，很多制墨家弄虚作假，生产假墨，坑人害己，扰乱了生产秩序，也损害了消费者利益甚至是消费的积极性。很多假墨，制作过程中掺进去不纯杂物，甚至出现砂丁，致使在研墨时，损伤砚台，使得大家怕买假墨，更怕用假墨，进而因噎废食，不敢用墨锭。

噫，数千年中华文明史上辉煌灿烂的文房四宝之一——"墨"，遭此之劫，奈何！

在很多人还没有认识到这个问题的严重性之前，我们应该尽量去研究墨的历史，掌握好有关墨的知识，以便有机会发现、收藏、使用真正的旧墨。当然，要谨防假冒，受骗上当。这就需要有足够的知识，以判别真假。

首先，我们应该学习、了解、研究墨的历史。

现有的资料表明，中国最早的文字——"甲骨文"就有使用"墨"来写而尚未刻的甲骨文字实例，其中"朱砂"（朱砂墨也是墨的一种）写的甲骨片出土较多。可见，墨的历史可以与文字起源几乎相并列，且伴随着文字的演进而发展。只是，"墨"本为烟、石墨加胶所制，难以久存，因此，早年的墨的出土很少，发掘很难。出土文物中最早的墨的实例，是新近出土的战国墨柱^(图一)，但尚未见有相关分析报告，而

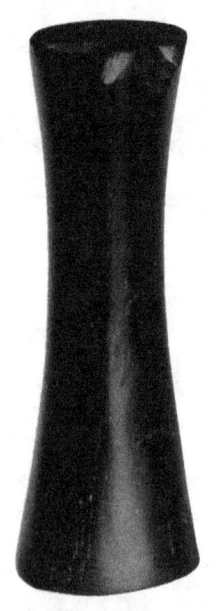
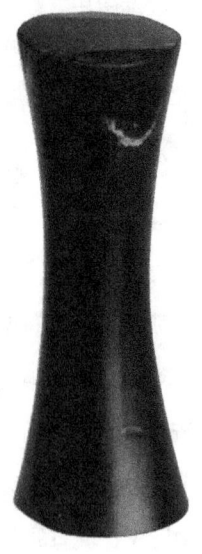

图一　战国墨柱（疑为天然石墨）

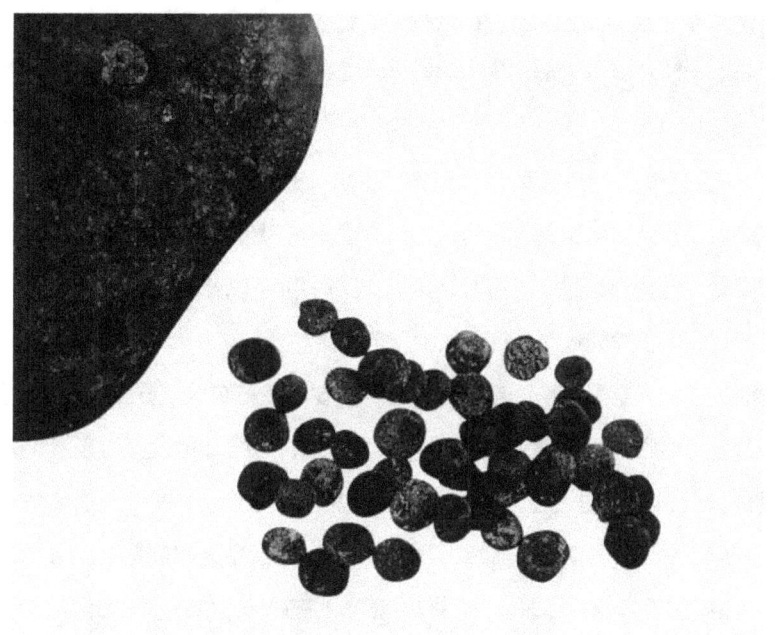

图二　广州西汉南越王博物馆藏西汉墨丸

目测观之,疑为天然石墨。已有的出土报告可知,较早的人工墨可以追溯到秦代(湖北睡虎地墓葬出土有残墨粒)。广州西汉南越王墓出土的墨粒保存最为完整,可窥出早期墨的式样。(图二)出土的秦代、西汉时期的墨,基本上都是墨粒,还不是现在意义上的墨锭,研墨时需要有研墨石,把墨按在砚台上研磨。到了东汉,就有明确的记载,使用墨锭了。《汉书》云:"尚书令、仆、丞、郎,月赐隃麋大墨一枚,小墨一枚。"[1]出土的东汉墨,已经有了墨锭的式样,和我们现在所用的墨锭没什么大的区别。(图三)三国时期的韦诞(仲将)以制墨出名,有"仲将之墨,一点如漆"之誉。[2]北魏时期的《齐民要术》记载了墨的制作方法,《文房四谱》有相关记述。

出土文物中随处可见战国、秦汉时期的墨迹,如简牍、帛书等等,墨色至今不褪色,可见当时的制墨工艺水平已经很发达。

史上最有名的制墨专家,当数南唐奚廷珪了。奚廷珪之父奚超,本是唐代河北易

---

(1)见《文房四谱》,宋苏易简著,中华书局2011年版,P231。
(2)同上,P246。

水地区制墨名手，因战乱南迁，至安徽歙州，取黄山古松制墨。奚廷珪继承发展了父业，得到南唐后主李煜赏识，任命其为墨务官，并赐李姓（当时的皇家姓氏），改名李廷珪。宋邵博《闻见后录》卷二十八载："太祖下南唐，得李廷珪父子墨，同他俘获物，付主簿籍收，不以为贵也。后有司更作相国寺门楼，诏用黑漆，取墨于主藏，车载以给，皆廷珪父子墨。至宣和年，黄金可得，李氏之墨不可得也。"南唐时期的文房之发达，在之前的文章中已经介绍过，李煜爱好诗词、文房用品等，纸墨冠绝古今，是个典型的文人皇帝，终因不理朝政而丢掉了江山乃至性命。

北宋时期，文人喜爱文房四宝，对墨有特别要求，苏东坡就曾因自制墨而传为佳话。台北故宫博物院所藏的黄庭坚墨迹，历时千年，依旧乌黑发亮，宛若昨天新写。可见其用的墨乃极精极佳之墨，历劫不磨。邵博《闻见后录》卷二十八又载："黄鲁直就几阁间取小锦囊，中有墨半丸，以示潘谷。谷隔锦囊手之，即置几上，顿首曰：'天下之宝也。'出之，乃李廷珪作耳。又别取小锦囊，中有墨一丸，谷手之如前，则叹曰：'今老矣，不能为也。'出之，乃谷少作耳。其艺之精如此。"可以想象，黄庭坚所用之墨

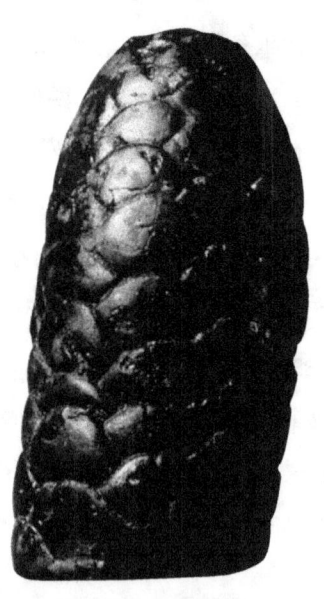

图三　中国国家博物馆藏东汉松塔形松烟墨

或正是李廷珪墨。又，潘谷亦是北宋制墨高手。出土的北宋、南宋的墨不少，可以给我们提供宋代墨的一个实际状态。[图四]安徽省合肥市文物管理处藏的宋代"歙州黄山张谷男处厚墨"款长梭形墨，有了制墨的名款，可见后世制墨留名款的历史至少不晚于宋代。[图五]

　　明代是制墨的又一个盛世。首先是宣德年制的"龙香御墨"[图六]，现在在故宫博物院以及日本的德川美术馆等能见到数种不同式样。明中、后期，则是制墨史上的一个巅峰。墨已经不仅仅是书画实用品，还与书画家、雕刻家联手，绘制、雕刻墨模，使墨锭成了一种精湛的工艺品。进而登场于达官显贵的"馈赠品"之列，成为上等馈赠佳品。日本著名的德川家康（1543—1616）藏明代古墨，便是当时明代商人携至日本赠送给德川家或德川家请中国商人收集的。由于德川家藏墨的详细记载，保存状态极佳，且品类众多，使得德川家所藏的明墨成为我们研究明墨的基础资料和标准件。

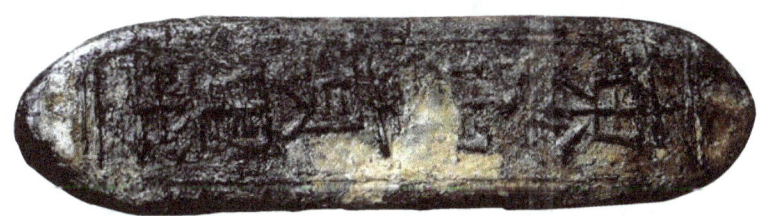

图四　江苏省宝应博物馆藏北宋"东山贡墨"款牛舌形墨

图五　安徽省合肥市文物管理处藏宋代"歙州黄山张谷男处厚墨"款长梭形墨

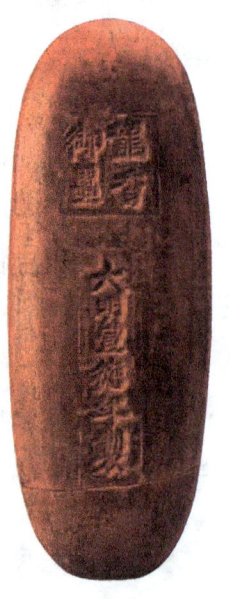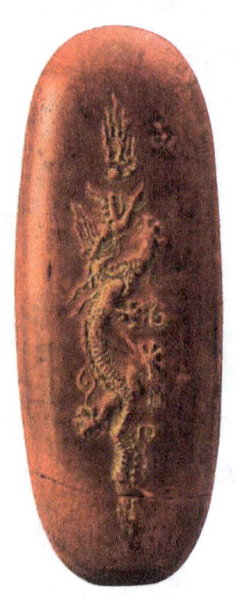

图六　故宫博物院藏朱色龙香御墨

明代制墨集中在安徽的歙县、休宁一代，歙县的罗小华（图七）、程君房（图八）、方于鲁（图九、图十）等数家是明代制墨家的最重要代表。之外，休宁有汪春元、汪中山、叶玄卿、绍琼林等等，明代安徽制墨家直接影响到清代，直至当代不衰。罗小华的出生年月不详，以桐烟制墨，墨品极佳，被时人誉为："坚如石，纹如犀，黑如漆，一螺值万钱。"明张应文《清秘藏》卷下"叙造墨名手"条载："若我朝墨，定当以罗小华鹿角胶为第一！"惜明高濂《遵生八笺》载："若当世所尚，以罗小华为最，罗之墨固善矣。"(3)无墨谱传世。程君房为明末制墨一代宗师。董其昌在《程氏墨苑·序》中盛赞程君房云："百年以后，无君房而有君房之墨；千年以后，无君房之墨而有君房之名。"现在，几百年过去，程君房之名不减当年。程君房墨传世极少，后世多仿作、伪作，能得一方真正的程君

（3）见《遵生八笺》，明高濂著，赵立勋、阙再忠、王大淳、李莹琤、李戎校注，人民卫生出版社1994年版，P574。

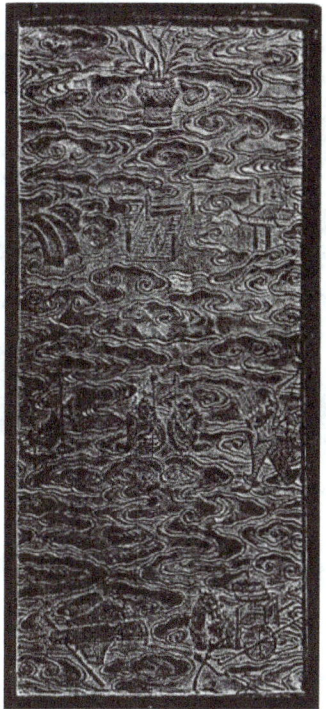
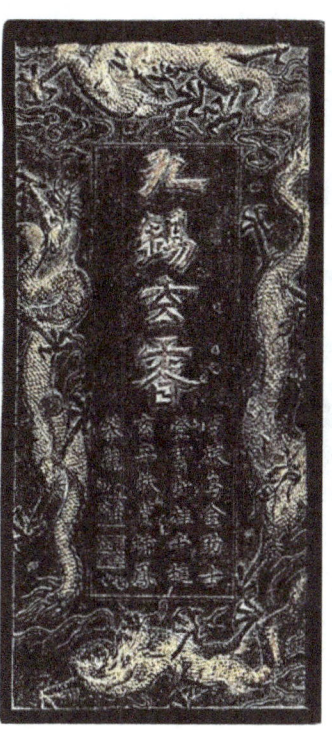

图七　明罗小华"九锡玄香"墨

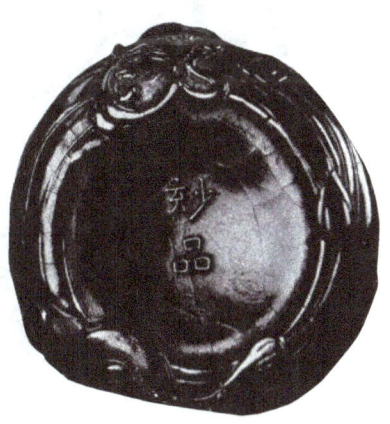
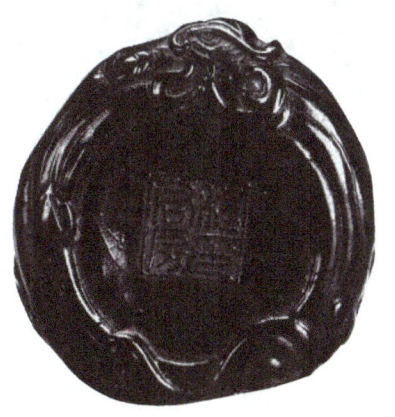

图八　天津博物馆藏明万历程君房"妙品"墨

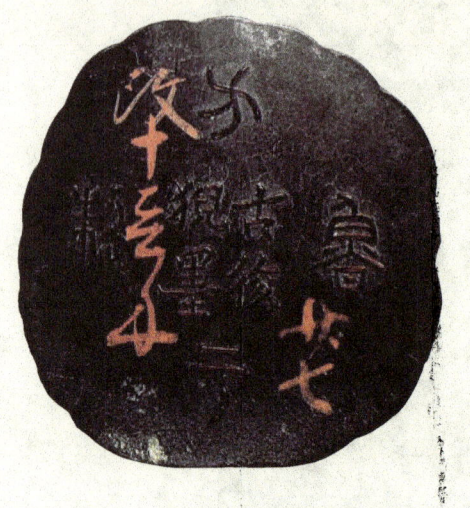
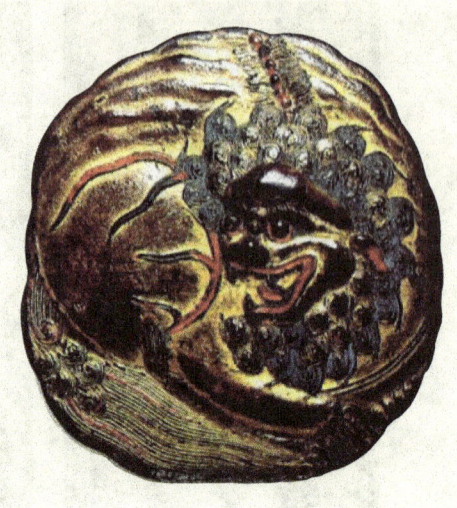

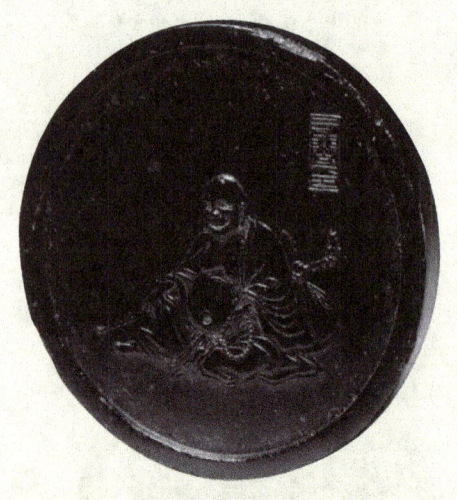
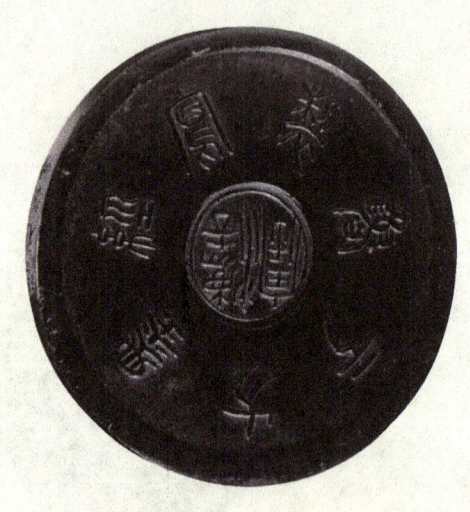

图九　日本德川美术馆藏明方于鲁"古狻猊"墨
图十　故宫博物院藏明方于鲁制写经墨

房墨，则成为爱墨家的万难之幸事。著有《程氏墨苑》，列墨品六部，520式，其中所收的墨名，至今尚有沿用者。方于鲁从程君房学，得程氏制墨法后独立，有青出于蓝而胜于蓝之誉。有《方氏墨谱》传世，385式。《程氏墨苑》、《方氏墨谱》两书皆由画家丁云鹏等高人绘制，精美绝伦，对后世制墨影响极大。

程与方本为师徒，后反目成仇，相互竞争。从结果看，促进了制墨的发展。明代谢肇淛《五杂俎》记载："方于鲁有《墨谱》，其纹式精巧，细入毫发，一时传诵，纸为踊贵。程君房作墨苑以胜之，其末绘《中山狼传》以诋方之负义。盖方微时，曾受造墨法于程，迨其后也，有出蓝之誉，而君房坐杀人拟大辟，疑方所为，故恨之入骨。二家各求海内词林缙绅为之游扬，轩轾不一。"

清初至清中期制墨出现了空前的辉煌局面。康、雍、乾皇上喜好文玩，对制墨也极用心，制作御墨（图十一），除供自己使用外，还赏赐给大臣们。这三代皇上特别偏爱传统文化，喜好书画文玩，包括文房四宝、杂项，热衷于研究、制作笔墨纸砚，在京城设立"造办处"，专门负责制作皇上喜爱的各类文玩、瓷器杂项，一时间，名手、名工聚集京城，为皇上效力。由于封建皇家集权，集人力、财力、物力于一身，加上那个时期是中国最富有最强盛的时期之一，因此，在皇家的嗜好和"国富民安"的背景下，曹素功、汪近圣、汪节庵（图十二）、胡开文四大家先后崛起，弘扬制墨文化，在明代制墨的基础上，把制墨工艺细化、量化、工艺化、高端与大众共荣化，使制墨工艺长盛不衰。

受此影响，官宦参与其中（中国本是个官本位的国家，皇上指令如山倒，否则有杀身之祸），一方面选上等佳墨进贡给皇上，以博得皇上的赏识，亦即"贡墨"（图十三）；另一方面紧随皇上的喜好，为自己订制专用墨。曹素功等四大家，都是因为与皇家、权贵、文豪交往，而名扬四海的。

除皇家制墨之外，文人书画家也有爱好收藏使用佳墨的风气。金冬心就曾制作过著名的"五百斤油"墨。清代钱杜《松壶画忆》记载："用墨之法甚难，明之罗小华、程君房、方于鲁固佳，然隔百余年，胶脱而色泽黯淡矣。与其旧也，宁新。近时所制，皆粗劣不可用，惟金冬心以小华道人墨，舂之使细，重加胶更制，曰五百斤油，最佳。"清晚期书画篆刻大家赵之谦等也制作过自己专用墨。（图十四）

只可惜，清中期之后，国势渐弱，文化、工艺乃至制墨也走下坡路，从此，各家

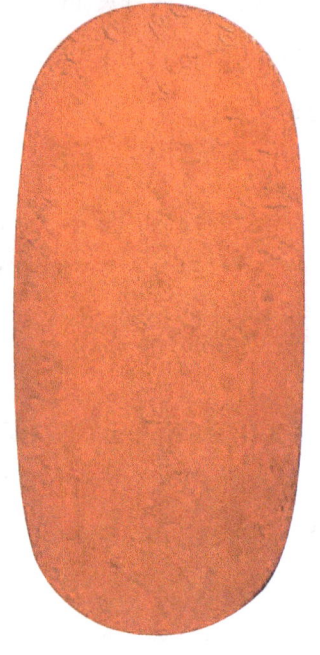
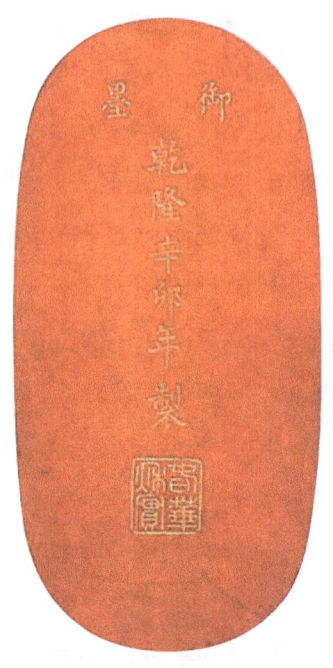

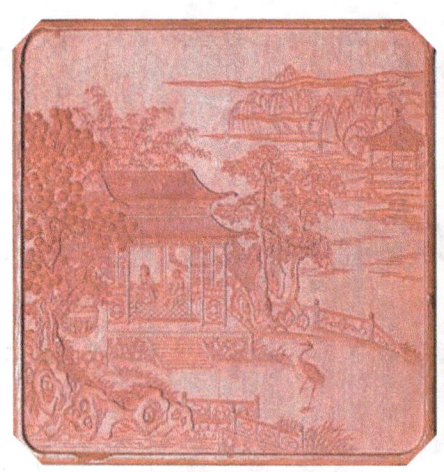
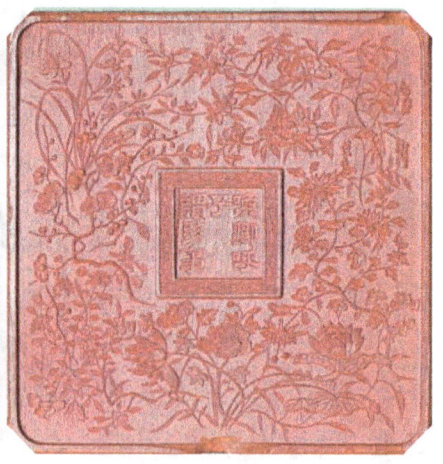

图十一　日本藏乾隆御墨"春华秋实"朱墨（上海博物馆藏有同型墨）
　　　　乾隆御墨"唤卿呼子谓多事"朱砂墨（后仿）

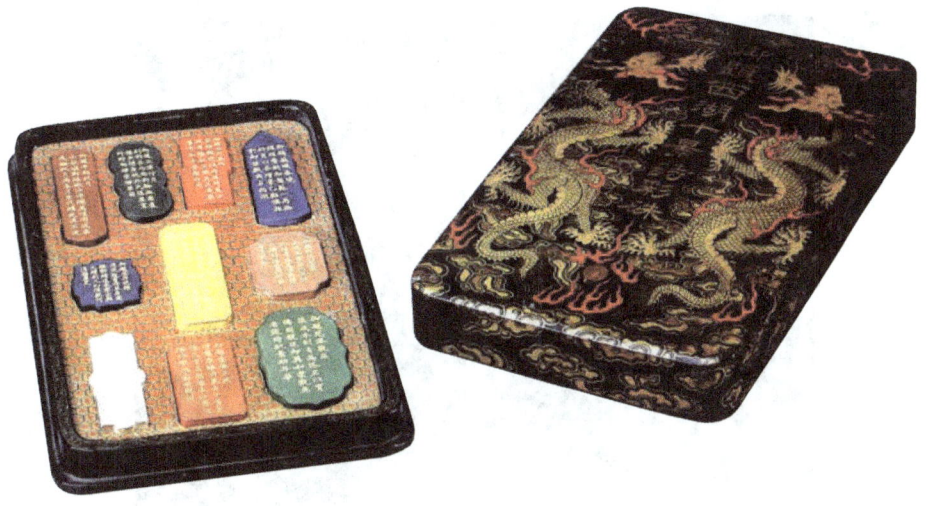

图十二　故宫博物院藏汪节庵制"西湖十景"彩朱集锦墨

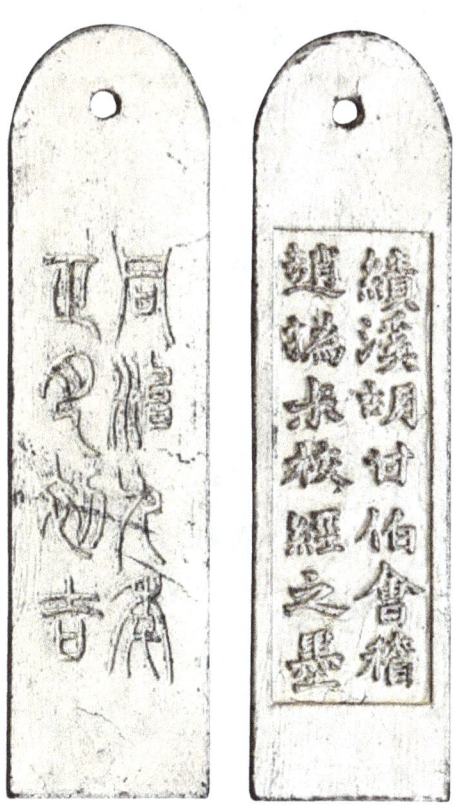

图十四　赵之谦、胡澍合制墨

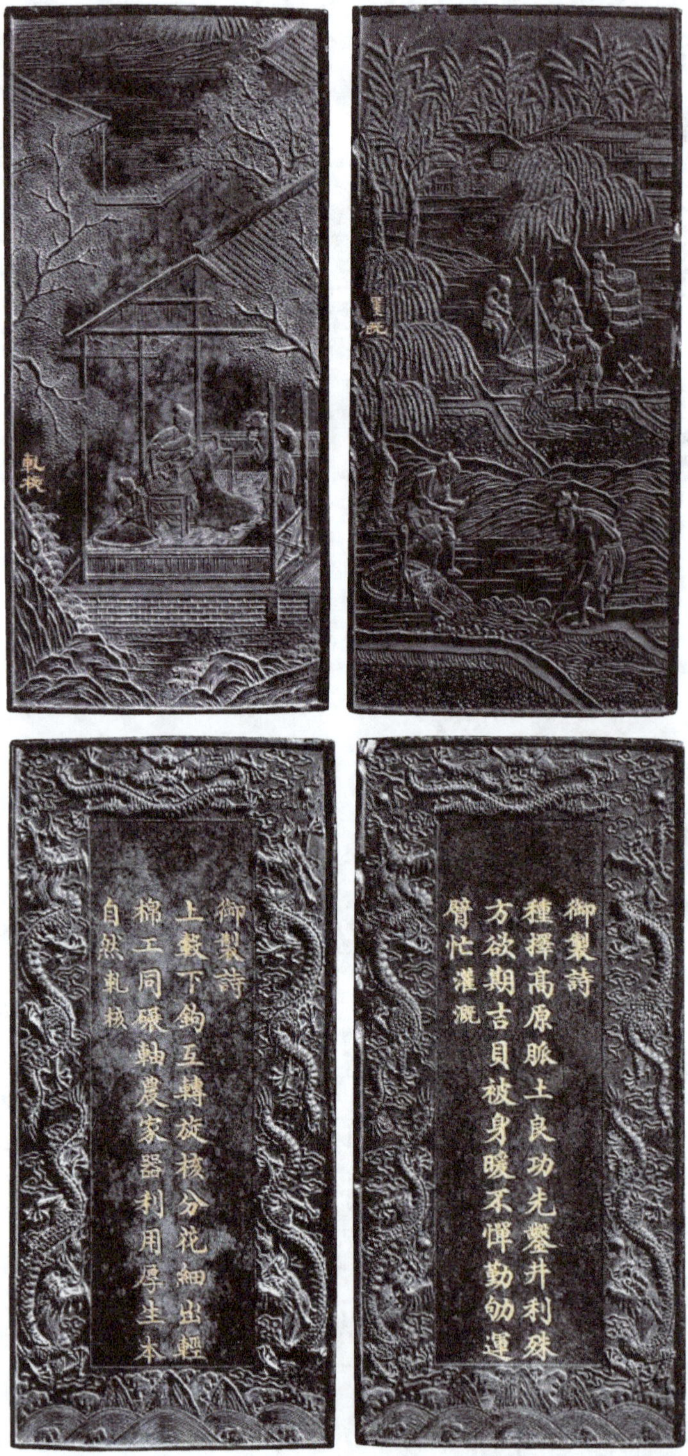

图十三　清嘉庆方维甸恭制"棉花图诗"贡墨

制墨，靠吃老本过日子，再也没有往日繁荣景象，也再无绝世佳墨的面世。清末、民国，战乱频繁，民不聊生，制墨行业更加萧条，加上有的黑心商家勾结不良墨工，伪造名墨名工，于是，伪品、仿品充斥市场，制墨行业受到致命打击。

  当今，有志之士，有感于制墨业的衰败，有意振兴这项古老而优秀的文化，但明清辉煌的制墨业已成为历史，钢笔、铅笔、圆珠笔等现代硬笔的普及，毛笔的衰败，墨汁的泛用，都使得传统制墨前景艰难，如何克服困境，还有待于传统文化的复兴，以及有识之士们的不懈努力。

说 墨

其二 墨的种类、厂家

一、墨的种类

墨的分类方法很多，我们在这里列出以下几种分类法：

1. 按生产国不同，分为：中国墨^(图一)、高丽墨（朝鲜半岛生产的墨）^(图二)、日本墨（日本产的墨）^(图三)。应该还有其他国家和地区生产的墨，无论是高丽墨、日本墨还是其他国家的墨，其根都在中国。形制、格式、制作方法、材料选别、工艺等等都与我国的墨大体相同。当然，由于地域的不同，形式图案等也多少会有些许差异，这些则留待专门研究家们去细细研究了。民国以后国内制墨业萧条，几乎没有什么像样的名墨面世。而日本在不断从中国进口历代中国名墨，定制"铁斋翁书画墨"等当时生产的墨外，开始花大精力生产墨锭、墨汁。尽管日本墨并不能和明清佳墨相提并论，但却比我们当今生产的墨质量要好。日本玄宗墨汁在日本属于普通品牌的墨汁，却在国内大受欢迎。这对国内的制墨业也算是敲响了警钟。

2. 按照原材料分类，有如下数种：

油烟墨：取植物油燃烧出来的烟煤，制作成的墨叫油烟墨，植物油种类很多，基

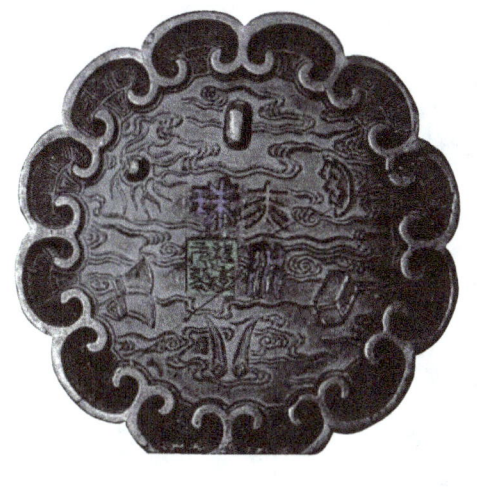
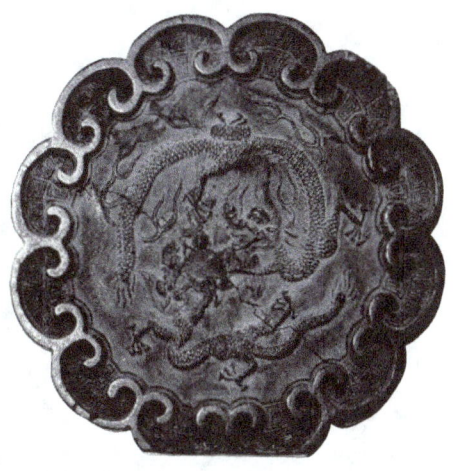

图一　明程季元"赤水珠"墨（程季元，别署清芬斋，明天启、崇祯年间墨工。）

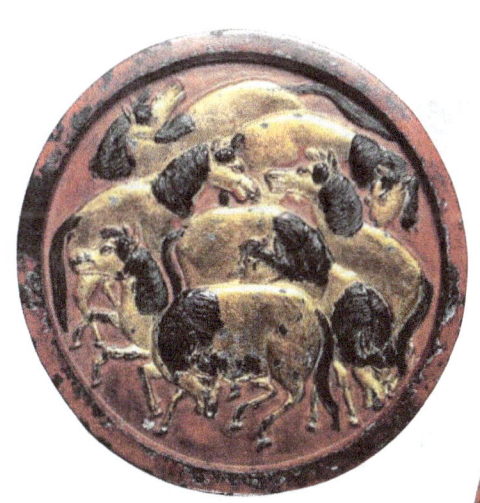

图二　日本德川美术馆藏朝鲜"昭恩楼制八骏图"墨

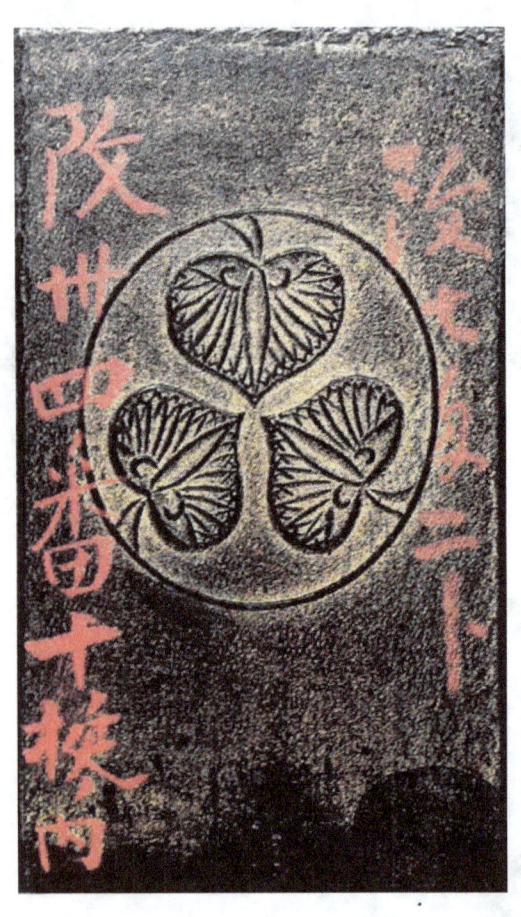

图三　日本德川美术馆藏日本德川家康时代所制德川家家纹"葵纹"墨

本上都可以用来燃烧取烟,历史上安徽是主要墨的产地,而安徽及附近地区盛产桐油,因此桐油烟制墨较为普遍,其他如茶油、菜籽油、豆油、芝麻油等等都可以用来取烟煤,厂家通常会根据油的价格来决定使用哪一种油做原料。一般,茶油等都可以用于食用,因此价格高于桐油,桐油则多用于木器防水涂料,相对比较便宜。

油烟一般又可分多个种类:油烟101(五石漆烟),油烟102(超贡烟),油烟103(贡烟),油烟104(顶烟)等,以油烟101为佳。(图四)

松烟墨:使用松树燃烧的烟煤制作成的墨叫松烟墨。松烟以老松为最佳。宋代晁贯之在《墨经》中这样描述:"自昔东山之松,色泽肥腻,性质沉重,品惟上上,然今不复有,今其所有者,才十余岁之松。"沈括在《梦溪笔谈》中也写道:"今齐、鲁间,

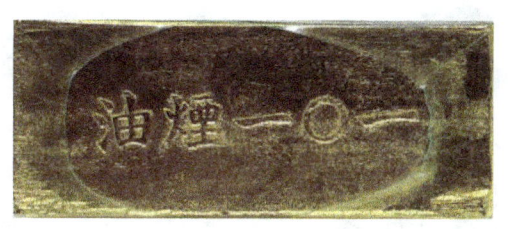

图四　油烟101（铁斋翁书画宝墨）

松林尽矣，渐至太行、京西、江南，松山大半皆童矣。"宋代已经说没有老松，代之使用新松就远不及老松色泽了。从传世松烟墨看，明、清早期、清中期所制作的上等松烟墨，大多使用老松来燃烧取烟，烟中多油脂，接近于油烟，墨色黑中发乌光，略呈青色。清晚期、民国以及现代所生产的松烟墨，大多是松枝燃烧取烟，油脂缺乏，泛青灰色，质量逐年下降。

洋烟墨：使用矿物质油如"煤油"类燃烧取出的烟煤制作成的墨，叫洋烟墨，传统的洋烟与油烟很接近，常人不易区分，因煤油等矿物质油较便宜，近百年油烟墨大多使用洋烟做材料，或在油烟中参用洋烟。现在，大多数使用工业提炼出来的炭黑（Carbon Black）^{图五}，是一种直径 3—500nm 程度的碳素微粒子，这已经不是原来意义上的洋烟墨了，墨汁所用的材料，多为此类。这类黑色粒子，缺乏油烟那种丰富的色彩变化，质量比较粗恶，浓墨时不显，淡墨时可知色泽不佳。

朱砂墨：朱砂或叫辰砂，其化学成分是硫化汞，在中国云南、湖南、贵州、四川等地都有出产，经过酒精去铁，碾成粉末，洗净，选择优劣，最后调胶制作成不同等级的朱砂墨。朱砂墨以细腻、红中略偏黄色者为佳。使用朱砂墨的历史非常悠久，现存甲骨片中就有一些朱砂写完待刻的文字，可知，最早的文字是先写朱砂字再刻制的。后来纸张印刷发明以后，学者往往使用朱砂标点、眉批，日本篆刻家还常常使用朱砂墨写印稿。

彩墨：就是彩色的矿物质颜料墨，一般有很多种颜色，组成一套，比如一套五种、一套十种的，都把朱砂墨配在内。其实，朱砂墨使用量较大，都独立成体系，而彩墨主要用于绘画。古人绘画，除了墨以外，也有设色者，需要各种色彩颜料，有矿物质岩彩和植物染料色，植物类的不易制成墨，而矿物质则易于制成墨，因此彩墨都是矿

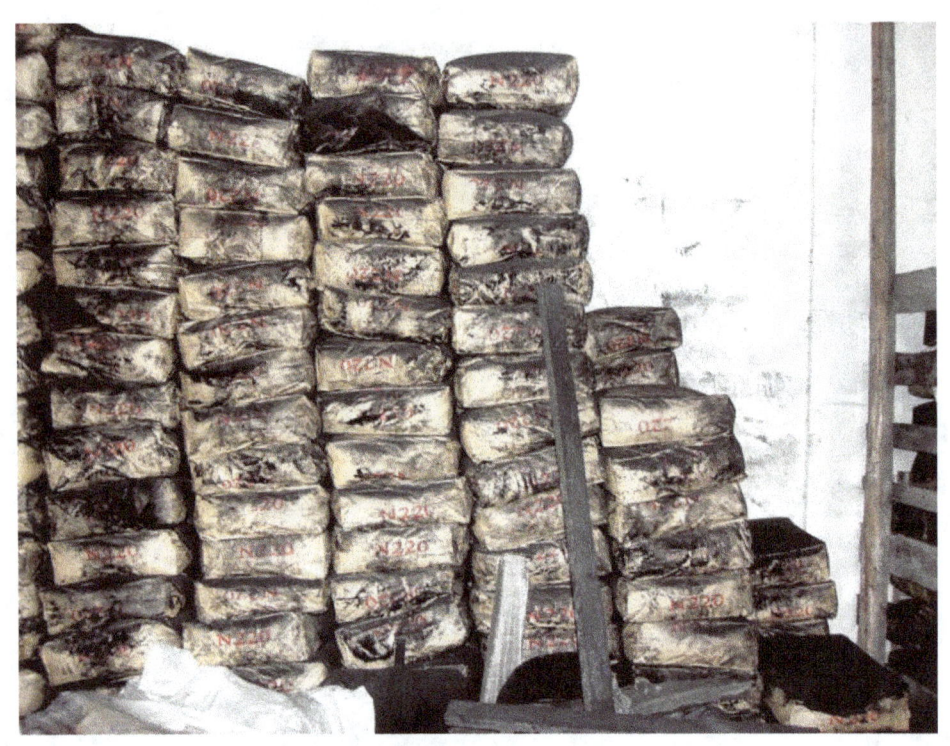

图五　现代墨的原材料：炭黑N220（炭黑种类较多：N234、N326、N330、N375等）

物质类的颜料。历史上以乾隆五彩墨最为著名。不过，一般画家多自己调制颜色，很少使用彩墨，故朱砂墨以外的彩墨产量并不大。（参见上一讲图十三《汪节庵制"西湖十景"彩朱集锦墨》）

药墨：以松烟、食用油烟为基本原料，添加牛黄、麝香、羚羊角、珍珠粉、冰片等多种中药，制作成的墨，可用于入药，主治消炎解毒、活血止疼、口腔溃疡、无名肿毒等等，当然也可以用于书画。

墨汁：使用炭黑调制而成的墨汁占墨汁的绝大多数，而使用墨烟调制的墨汁在国内尚未有见，在日本则属于高档墨汁，价格昂贵。墨汁的制作，尽管有百年以上的历史了，但现代墨汁，为了防腐，所用的胶，已非传统的骨胶类，而多选用化学胶类，加上较多的电解质和防腐剂，因此化学成分远多于墨锭。由于价格相对低廉而实用，浓墨时的墨黑与研成的墨色不易区别，淡墨时发灰，没有神采，因此以浓墨写字的书法家普遍使用墨汁。笔者寡闻，据称，当今国内书画诸名家可以说一边倒使用墨汁，所以国内墨汁生产销售量都极大，而墨锭很少生产，即便有，也多属馈赠品类，多非实用品。只有极个别少数好古者才尽力坚守"阵地",研墨写字作画。传统书画笔墨文化难道说在我们这代就要被断送?真不敢想象。期望书画界有识之士的努力。

日本发明了研墨机器,使用机器研墨的书法家为数不少。这不失为一种折中方法,以不至于使传统墨锭被墨汁完全取代。

3. 按照墨色分,可分为青墨、黑墨、茶墨。松烟一般呈蓝墨色,墨存放时间愈久,蓝色调就越明显,故称之为"青墨"。油烟呈黑褐色,存放的时间长久之后,逐渐呈现紫黑色,故称其为"茶墨"。现在市场上卖的青墨,已经不是老松烟墨了,是掺进"花青"颜色的墨,而"茶墨"则是掺进"赭石"类颜色的墨,质量并不好。至于"黑墨",一般都是用墨精为原料,没有自然的青色、褐色色系。

4. 自古还有"墨分五色"之说。唐代张彦远的《历代名画记》中说:"运墨而五色具",也就是说,墨的颜色有五种,一般指浓、淡、干、湿、焦。其实,干湿与浓淡不是一种分类,排在一起也不合适。实际上,墨色根据需要,有各种浓淡层次,也不一定分得那么细致。

5. 根据制墨情况的不同,可分为御墨、贡墨、纪念墨、私家专用墨以及普通市贩墨。

御墨,就是皇家指定墨工、厂家,专人监管,专供皇家使用的墨。历代皇上都喜欢制作"御墨",以明代宣德、成化、嘉靖、隆庆、万历等有著名的《龙香御墨》,至清代康熙、乾隆为最著名,种类最多,质量也非常好。从材料到设计、绘图、刻板、制作,都极为考究,不计成本。传世的"御墨"不多,后人仿制、伪造极为普遍,大家需要注意,谨防受骗。清代的"御墨"多数在北京的造办处制作,调集安徽制墨高人前往北京制墨,并传授技艺。有记载,汪近圣的儿子汪惟高等在乾隆六年被调往京城制墨三年。

贡墨,就是大臣、地方官吏特制上贡给皇上的墨,属于"贡品"类,为了讨好皇上,大臣、官吏们请高手制作成特殊的墨锭,以博取皇上的喜好,因此墨的质量一般也都非常之好。历代,仿造的也极为普遍,现代伪造品更是多见。"贡墨"只署进呈者名,而无制作者名款,因此不易考证作者,但多为名家所制。一种说法,认为贡墨比御墨还要好。因为贡墨是孝敬皇上的,如若皇上喜欢,可能利于高升。所以,这种马屁是不计成本的。御墨是皇家定制墨,往往分赐给大臣们,则无人敢说不好,实际情况就难说了。传世墨锭看,两种都非常好,制墨家不敢不用心制作。

纪念墨,是指某些文人雅士、官吏等等,为了特殊情况而特别制作的墨锭,分送

给亲朋好友，具有纪念意义。（图六）

私家专用墨，在清代非常普遍，很多文人雅士，都制作自己专用墨，供自己书画使用，也可赠送亲朋好友。赵之谦和胡澍就联合制作过墨锭，属于专用墨。（参见上一节图十五）

市贩墨，就是厂肆文房用品店中贩卖的墨。市贩墨，又可以分为名家制墨和普通厂家制墨。名家制墨，在历史上占有重要位置，明代的罗小华、程君房、方于鲁、汪中山、曹仲魁、吴申伯、叶玄卿等等，清代的曹素功、汪近圣、汪节庵、胡开文等等都是，而后来的仿制，或者说他们的后代沿用名家墨版，继续生产的墨，则基本上都属于普通墨厂的市贩墨了。现在最常见的有"铁斋翁书画宝墨"（油烟101），其实最开始是1914年日本书画家富冈铁斋（1836—1924）请中国徽歙曹素功墨庄十一世孙

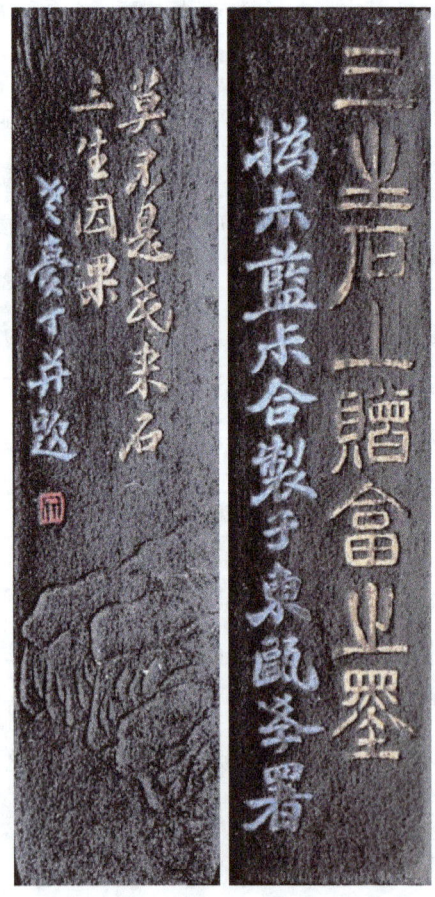

图六　赵之谦丁文蔚合制墨（赵之谦和丁文蔚结拜成兄弟后特制的纪念墨，用于赠送朋友留作纪念）

曹裕衡（1870—1920）定做的墨锭，开始属于专用墨类，由于受到富冈铁斋先生的肯定，厂家把这款墨做成市贩墨，在中日两国推销，深受欢迎，而成为畅销墨品之一。20世纪70年代初中日恢复正常化以后，日本商家向国营上海墨厂（原曹素功墨庄）重新定制了一批"铁斋翁书画宝墨"^(图七)，由于用料上乘，制作精良，在日本销售非常好。这样，很多厂家，如胡开文墨厂等，也纷纷加入了制作"铁斋翁书画宝墨"的队伍，产量大增，质量下降。

6. 如果按墨的名称来分，则历代著名的墨名实在太多，加上纪念墨、专用墨类，就数不完了。这里只好省略，不一一列出。

7. 按照墨的形制来分，则有圆形墨、方形墨、长方形墨、椭圆形墨、舌形墨、棒形墨、器物形墨、人物形墨、动物形墨等等，明代方于鲁《方氏墨谱》分为五类：规、萬、挺、圭、杂珮。"规"，就是圆形墨；"萬"就是方形墨；"挺"就是长方形墨；"圭"，就是古代玉器的"圭"型，包括六角形、八角形的墨；"杂珮"，就是各类杂形。从历代传世品看，长方形最多见，所以，在数墨的数量时，往往使用"挺"字，大概就是出于这个名称的意思。

二、墨的产地与厂家

明以后主要集中在安徽的歙县和休宁县。后来发展到整个徽州，包括屯溪、歙县、绩溪等等，今都归属于黄山市所辖。前面谈到的明代制墨名家罗小华、程君房、方于鲁，清代名家曹素功、汪近圣、汪节庵、胡开文（清代四大名家）等等，都在徽州地区制墨。

中国古代手工业，多以家族生产为主，即便扩大生产，也属于家族性质的企业，因此，局限于一家、一族，更局限于地区。明中晚期至清中期，墨业非常发达，名家辈出，除上述著名的名家外，可数出名的至少也有数百人。但传统作坊式的生产，限制了产业的规模。加上家族式的封闭生产，往往因某一类因素（或无子女，或子女不愿意继承，或子孙辈无能，或子孙转为他行等等），造成工艺失传。即便他们的子孙后代继承、沿用祖上方法，也因国家经济衰落，加之各类战祸，使得安徽的制墨业从清嘉庆开始渐入萧条。各家所制之墨，虽沿用家法，但基本上只满足于市贩或替他人定制，而很少再出现制墨名手。

清末民国战乱，制墨业更是衰败，生产停滞。新中国成立后，周恩来总理亲自指示恢复徽墨的生产，这样，一些老字号开始召集墨工生产。20世纪50年代生产出了一些质量较好的墨，也都以仿古为主，之后又因"文化大革命"，而再次遭受打击。

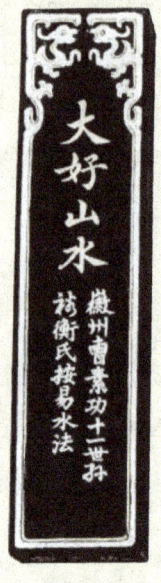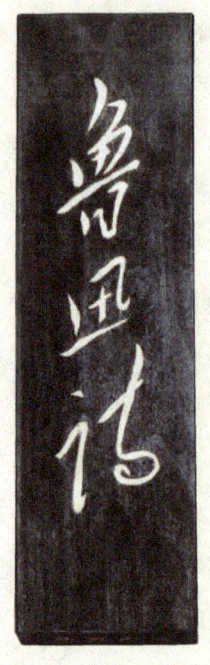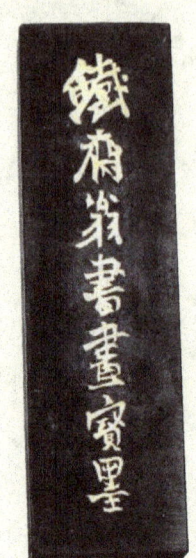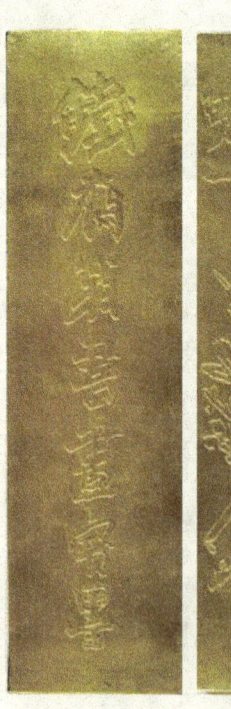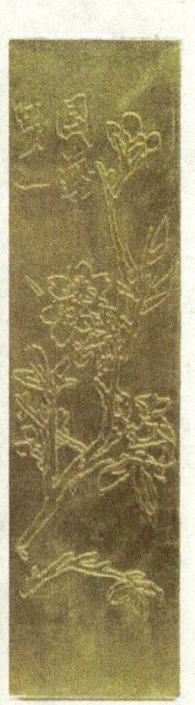

图七　20世纪80年代专门为出口日本生产的23厘米长半斤"铁斋翁书画宝墨"

老字号墨厂的老工人老师傅也相继去世，后继乏人。改革开放以后，徽墨又恢复生产，接受日本等海外订单，生产逐渐走向兴旺。而由于中国当时没有商标注册制度，造成厂家林立，老字号的名称也被乱使用。仅"胡开文"就有：安徽歙县老胡开文墨厂、安徽省黄山市屯溪胡开文墨厂、安徽省绩溪胡开文墨业有限公司、绩溪上庄胡开文墨厂、绩溪德记胡开文墨厂、绩溪承文堂胡开文墨厂等等。"曹素功"也是类似，有安徽省绩溪县徽歙曹素功墨庄、安徽黄山市徽州曹素功墨厂、上海墨厂（生产徽歙曹素功墨）等等。到底是哪一家正宗？笔者也分不清。就曹素功而言，上海墨厂相对实力比较雄厚一些，因为此家本系清咸丰年间曹素功的第九代孙迁到苏州后至上海制墨，新中国成立后一直受到国家、上海市政府的支持，比较正规。

安徽黄山市屯溪胡开文墨厂、黄山歙县老胡开文墨业有限公司、黄山市绩溪良材墨业有限公司、北京一得阁墨业有限公司（生产墨汁），被指定为"百年老字号"。尽管有"老字号"等名称、荣誉，但实际上，就像笔者上一讲所说的，他们与历史上的名家，与曹素功、胡开文等已经没有特别的关系，只是借用史上名家之名而已，质量都不敢恭维。也就是说，现在的墨厂，依旧以安徽地区为主，北京、上海等地也有生产，但与明清时期的制墨，"量"或有过之而"质"已不及。

笔者一再强调，历史上的名墨、佳墨，以明中期至乾隆期为最，嘉庆以后，好墨并不多。特别是清末民国各家仿古之风严重，袭用前人版型，虽不能说就是伪造，但归为"仿制"也并不属于真品。因此，同一名称的墨，生产的年代不同，质量也不一样。遇见"古墨"、"老墨"，不敢轻易断定生产年代，也不易判断墨的优劣、真假，这就需要我们学习相关知识，掌握鉴赏、判断墨的年代、质量的能力。墨的鉴定，比文房四宝其他几类更复杂，更有难度。

说　笔

　　2009年春日夜，北京匡时国际拍卖有限公司董事长董先生约我去多年未晤面的书法家L兄处看藏品，那天北京天气异常寒冷，本不太愿意前往，但因考虑到能见见旧友，也就随董总去了京西L兄的办公室。在看了不少明清以及近现代书画珍品后，L兄出示了之前在西北某古董店购得的一支新出土的鎏金汉铜毛笔，让我大开了眼界。

　　这支鎏金铜管毛笔^{（图一、图二、图三）}，全长121毫米，笔杆头部直径27毫米、笔杆后部径20毫米，是一支颇为巨型的毛笔，即便放在当下，也是一支适合书写大字的笔了。

　　甘肃省博物馆藏有一支出土的汉代毛笔^{（图四）}，其毛颖与这支鎏金笔颇为相近，因此，尽管这支鎏金毛笔不是第一手出土文物，无法断定其确切的年代，但从其形制的样式看与甘肃省博物馆所藏当属同时代之物。笔者曾建议L兄去做碳十四检测，可以得出准确的结论，但至今尚未来信明言，估计还没有送检。笔者征得同意，在此公开，想读者也一定和我一样，看到这支笔后被震撼的心境。我相信，此笔是有史以来的第一次重大发现，其重要性巨大。

　　据L兄回忆，在西北某市由当地名家陪同逛古玩店，店主出示新获鎏金古笔，大

说笔

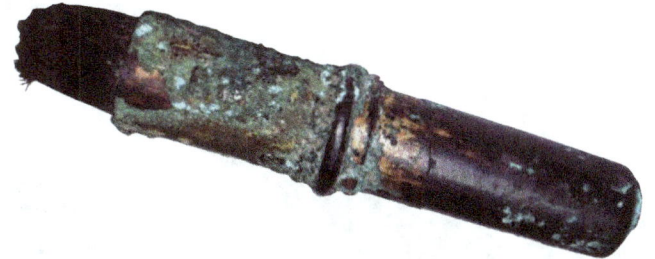

图一　汉代毛笔

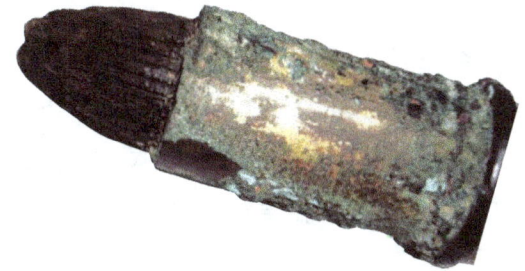

图二　汉代毛笔

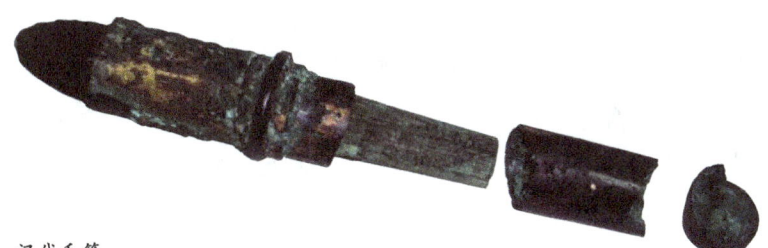

图三　汉代毛笔

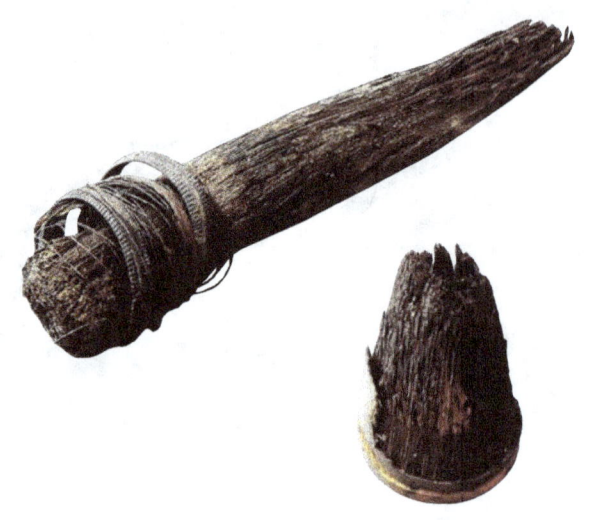

图四　甘肃省博物馆藏汉代毛笔

家皆不敢相信其真,把玩之际,不小心摔下,此笔因系两千年烂铜,被摔成三截。打开断裂处一看,其中笔芯完整,虽毛颖已经炭化,无法确认是何种毛颖,但历史年代久远,一眼可知。本不敢买的 L 兄,断定是真物,掏钱购得此笔。经询店主,此笔出土于甘肃省某地汉墓。同时出土的,据说尚有其他器物。只可惜,皆已卖出,无法购买同墓器物作佐证。

观此笔,读者可以清晰看出笔芯的制作工艺。此笔有芯,也就是所谓的"柱",还有覆毫,也就是"被",毫极长,百分之八十塞进了笔杆之中,与史书上记载的蒙恬创制的"被柱笔"相近。也与图四制作相同。此笔尚需要进行科学分析,期待 L 兄将来的科学检测报告。

毛笔产生于何时?史书记载始于仓颉,但实际情况尚无定论。甲骨文中有(𦘒)字,是"笔"的古字。《说文解字》"聿"字条载:"所以书也。楚谓之聿,吴谓之不律,燕谓之弗。"《尔雅·释器》载:"不律谓之笔。"可见,聿、不律、弗、笔,在秦以前是一个意思[1]。秦统一文字后,统称为"笔"字。甲骨文中的这个"聿"字,从第一期就出现了,因此是最早的古文字之一,距今已经三千多年。现存的甲骨片,多数是

---

(1)见《康熙字典》"聿"字。

契刻者，但也有不少写好的卜文还没有刻的，类似于现在的底稿，这些底稿的书写，一定是使用了笔的。其实，早在五千年前的古文化遗址中，出土过若干陶器，都有一些纹饰图案，这些纹饰图案，明显使用了"笔"来绘制，这就说明，笔的产生非常早。

1954年湖南省长沙市左家公山十五号战国墓葬中发掘的一支竹管兔毫毛笔。这支笔据报告称，毛笔在竹筐内，全身套在一枝小竹管内，杆长18.5厘米，径口0.4厘米，毛长2.5厘米。据制笔的老技工观察，认为毛笔是用上好的兔箭毫做成的，做法与现在的有些不同，不是笔毛插在笔杆内，而是将笔毛围在杆的一端，然后用丝线缠住，外面涂漆。与笔放在一起的还有铜削、竹片、小竹筒三件，据推测，可能是当时写字的整套工具。竹片的作用相当于后世的纸，铜削是刮削竹片用的，小竹筒可能是贮墨一类物质的。这是迄今发现的最早期的毛笔实物，被称之为"天下第一笔"。（图五）河南信阳长台关战国楚墓里也出土过一支竹管毛笔，也属于最早期的毛笔实物。

相传秦将蒙恬在王翦灭楚时到中山，见中山兔肥毫长，可作制笔原料，便捕兔取毫制作了一批毛笔，改变了原来捆绑在杆外的笔制，将毫捆实塞柘木杆内，制成了现在毛笔的式样。这种笔，被称之为"蒙恬笔"。1975年湖北省云梦县睡虎地秦墓出土的毛笔，正是这种将毫塞进笔杆之中的现代意义上的形式。尽管"睡虎地秦笔"的笔杆不是柘木，而是竹子，但形制与史书记载的"蒙恬笔"相同。

汉代毛笔出土较多，湖北江陵凤凰山西汉墓中出土有毛笔和笔套，形制与现代毛笔相近，笔毛已朽。1972年甘肃武威磨咀子2号汉墓和49号汉墓分别出土了毛笔，制法基本相同，笔杆前段镂空以纳笔毛，另一头削尖，用于簪发。竿身刻有"史虎作"和"白马作"（图六），竿长21.9厘米，笔毛长1.6厘米，约近汉代一尺（汉尺约为23.1厘米）。"史虎"和"白马"，当是制笔人名字。笔毛保存尚好，可看得出笔毛中心有"毛柱"，外披短毛，即所谓的"披柱法"。

王充在《论衡》中说："知能之人，须三寸之舌，一尺之笔。"史虎、白马笔正好

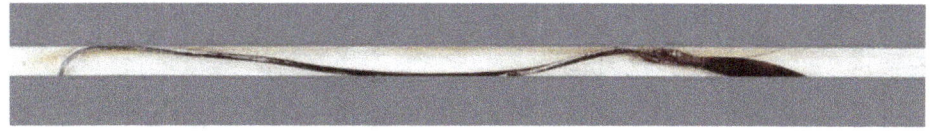

图五　中国国家博物馆藏战国毛笔

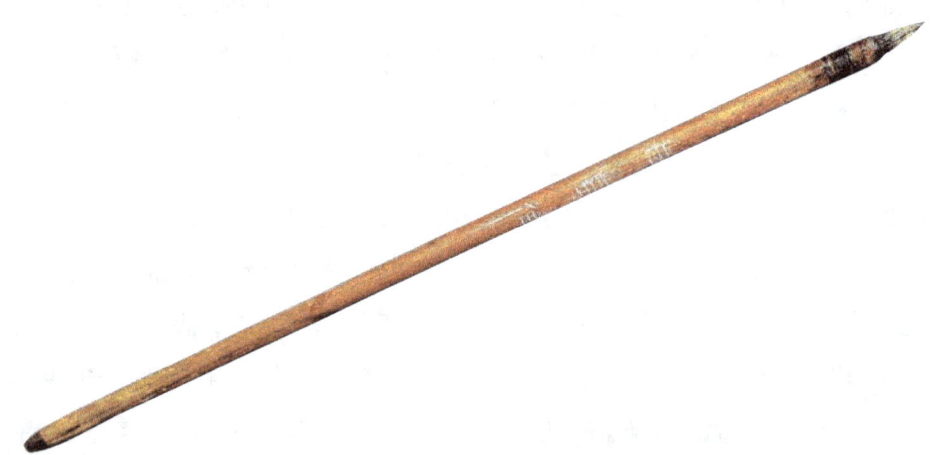

图六　甘肃省博物馆藏汉代"白马作"毛笔

一汉尺。又，汉代有"簪白笔"制度，将毛笔插在头发里，以备书写时用。史虎、白马笔正是"簪白笔"。至于"披柱法"制作，也与王羲之《笔经》、《齐民要术》等记载相合。（图七）

《文房四谱》引晋葛洪《西京杂记》云："汉制，天子笔以错宝为跗，毛皆以秋兔之毫，官师路扈为之。又以杂宝为匣，厕以玉璧翠羽，皆值百金。"（2）清代乾隆年间的唐秉钧在《文房肆考图说》卷三《笔说》中也说："汉制笔，雕以黄金，饰以和璧，缀以隋珠，文以翡翠。管非文犀，必以象牙，极为华丽矣。"这些豪华形容，与笔者所见的L兄所得鎏金笔倒也吻合。笔在汉时，权贵所用之笔，已经不仅仅是书画的工具，而开始成为艺术品了。

魏晋簪笔之风不再流行，笔杆逐渐变短。三国时有魏国人韦诞，字仲将，京兆（今陕西西安）人，有文才，擅书法，善辞章，并以制笔和墨闻名当时，他所制之笔，人称韦诞笔。《文房四谱》载："韦仲将《笔墨方》：先于铁梳梳兔毫及羊青毛，去其秽毛讫，各别用梳掌痛，正毫齐锋端，各作扁，极令均调平好，用衣羊青毛。青毛去兔毫头下二分许，然后合扁，卷令极固。痛颉讫，以所正青羊毛中截，用衣中心，名为'笔柱'，或曰'墨池'、'承墨'。复用青毫，外如作柱法，使心齐，亦使平均，痛颉内管中，

（2）见《文房四谱》，宋苏易简著，中华书局2011年版，P11。

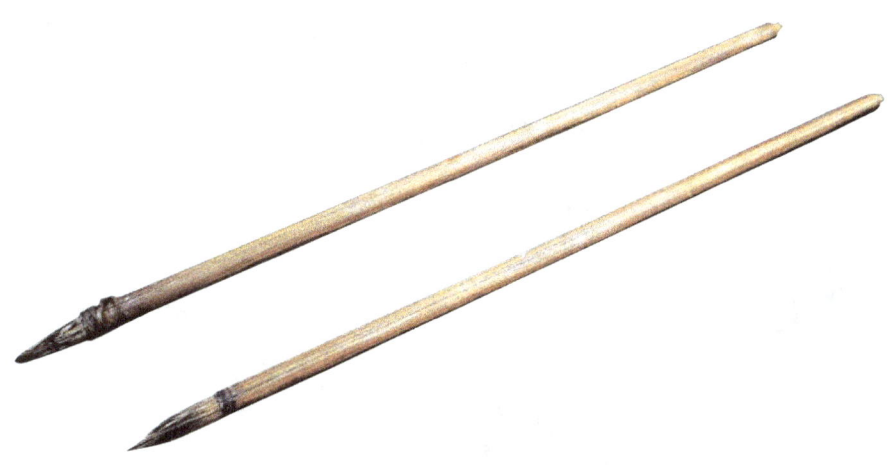

图七　甘肃省考古研究所藏西汉毛笔两支（1990年敦煌出土）

宜心小不宜大。此笔之要也。"(3)贾思勰《齐民要术》也有相同记载。从上述记载中可以看出当时的"披柱法"已经非常成熟。(图八)

隋唐的毛笔发生了一些变化，这时期的毛笔所用笔毛，主要是山兔毛、山羊毛和黄鼠狼毛等。笔头短粗而硬，笔杆后面不再削尖，也不用于簪发。在唐代，安徽宣城是制笔的中心，所产之笔，称之为"宣笔"。白居易《紫毫笔》曰："紫毫笔，尖如锥兮利如刀。江南石上有老兔，吃竹饮泉生紫毫。宣城之人采为笔，千万毛中拣一毫。毫虽轻，功甚重。管勒工名充岁贡，君兮臣兮勿轻用。勿轻用，将何如，愿赐东西府御史，愿颁左右台起居。搦管趋入黄金阙，抽毫立在白玉除。臣有奸邪正衙奏，君有动言直笔书。起居郎，侍御史，尔知紫毫不易致。每岁宣城进笔时，紫毫之价如金贵，慎勿空将弹失仪，慎勿空将录制词。"(4)说明了宣笔主要以兔毫制作，材料也十分昂贵。此时期名家辈出，其中著名笔匠有：

1. 黄晖。相传他得到蒙恬的制笔方法，所制的笔称"鸡距笔"，鸡距即雄鸡足后

（3）见《文房四谱》，宋苏易简著，中华书局2011年版，P56。
（4）见《全唐诗简编》，上海古籍出版社1993年版，P1127。

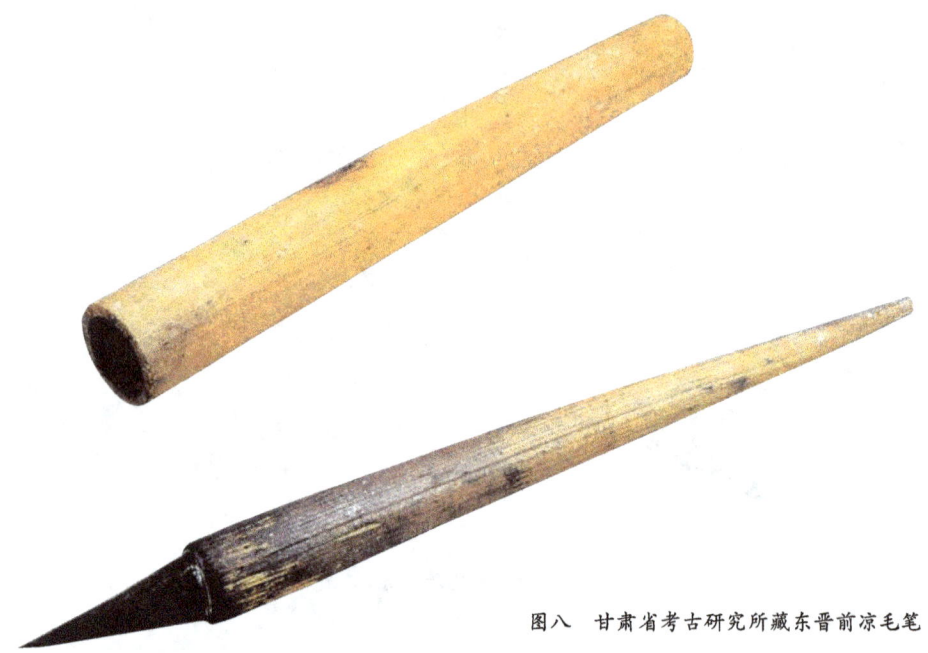

图八　甘肃省考古研究所藏东晋前凉毛笔

突出像脚趾的部分，因锋短，犀利如鸡距，故名。白居易曾作《鸡距笔赋》赞曰："足之健兮有鸡足，毛之劲兮有兔毛。就足之中，奋发者利距；在毛之内，秀出者长毫。合为乎笔，正得其要。象彼足距，曲尽其妙。圆而直，始造意于蒙恬；利而铦，终骋能于逸少。始则创因智士，制在良工。拔毫为锋，截竹为筒。视其端若武安君之头锐，窥其管如元元氏之心空。岂不以中山之明视劲而迅，汝阴之翰音勇而雄。一毛不成，采众毫于三穴之内；四者可弃，取锐武于五德之中。双美是合，两揆相同。故不得兔毫，无以成起草之用；不名鸡距，无以表入木之功。及夫亲手泽，随指顾。秉以律，动有度。染松烟之墨，洒鹅毛之素。莫不画为屈铁，点成垂露。若用之交战，则摧敌而先鸣；若用之草圣，则擅场而独步。察所以，稽其故。虽云任物以用长，亦在假名而善喻。向使但随物弃，不与人遇。则距畜缩于晨鸡，毫摧残于寒兔。又安得取名于彼，移用在兹。映赤管状绀趾乍举，对红笺疑锦臆初披。辍翰停毫，既象乎翘足就栖之夕；挥芒拂锐，又似乎奋拳引斗之时。苟名实之相副，信动静而似之。其用不困，其美无俦。因草为号者质陋，折蒲而书者体柔。彼皆琐细，此实殊尤。是以搦之而变成金距，书之而化作银钩。夫然,则董狐操可以修为良史,宣尼握可以删定《春秋》。其不象鸡之羽者,鄙其轻薄;不取鸡之冠者,恶其软弱。斯距也,如剑如戟,可系可缚。将壮我之毫芒,必假尔之锋锷。遂使见之者书狂发,秉之者笔力作。挫万物而人文成,草八行而鸟迹落。缥囊或处,类藏锥之沉潜;团扇或书,同舞镜之挥霍。儒有学书临水,负笈登山。含毫既至,握管未还。过兔园而易感,望鸡树以难攀。愿争雄于爪趾之下,冀得隽于笔砚之间。"

2. 宣州陈氏。唐代宣州(今安徽省宣城市)制笔名家,名字不详,相传陈氏之笔特别为当时书法家所喜爱。宋邵博《闻见后录》卷二十八载:"宣城陈氏家传右军《求笔帖》,后世益以作笔名家。柳公权求笔,但遗以二支,曰:公权能书当继来索,不,必却之,果却之,遂多易以常笔。曰:前者右军笔,公权固不能用也,予从王正夫父子得张义祖所用无心毫,虽锋长二寸许,他人不能用,亦曰右军遗法也。义祖名友正,退传之子,居昭德坊,不下阁二十年,学书尽窥右军之妙,尚以蔡君谟为浅近,米元章为狂诞,非合作,然世无知者。如其所用笔,可叹也。独王正夫父子好之云。"[5]王羲之、柳公权都曾亲向陈氏一族求过笔。又知,张义祖所用为"无心笔"。《文房四谱》亦有相类同记载。

3. 诸葛氏。其制笔以一种或两种兽毛参差散立组合而成,经久耐用,与当时宣州陈氏同享盛誉。郑文宝《江表志》中载:"宜春王从谦喜书札,学二王楷法,用宣城诸葛笔,一枝酬十金,劲妙甲于当时,从谦号为'翘轩宝帚'。"诸葛氏所制之笔颇为诗人书家所推崇。

现日本奈良正仓院所藏中国之唐笔,湘妃竹管、有斑竹管,有斑竹管镶象牙,也有全管象牙,拨镂碧色之管的。这说明唐代的笔丰富多彩,多为鸡距笔,工料精致。(图九)

由于唐笔的锋短,过于刚硬,故蓄墨少而易干枯,于是又发展诞生了一种锋长精柔的笔。柳公权《谢惠笔帖》云:"近蒙寄笔,深慰远情。虽毫管甚佳,而出锋太短,伤于劲硬。所要优柔,出锋须长,择毫须细,管不在大,副切须齐。副齐则波折有凭,管小则运动省力,毛细则点画无失,锋长则洪润自由。"[6] 长锋笔开始出现。

宋代由于水墨画的发展,风格也多样,对笔的要求也多,因此种类不断增加。

---

(5)见《钦定四库全书·子部十二·小说家类一·闻见后录》卷二十八。
(6)见《丛书集成初稿》第290册,中华书局1983年版,P378。

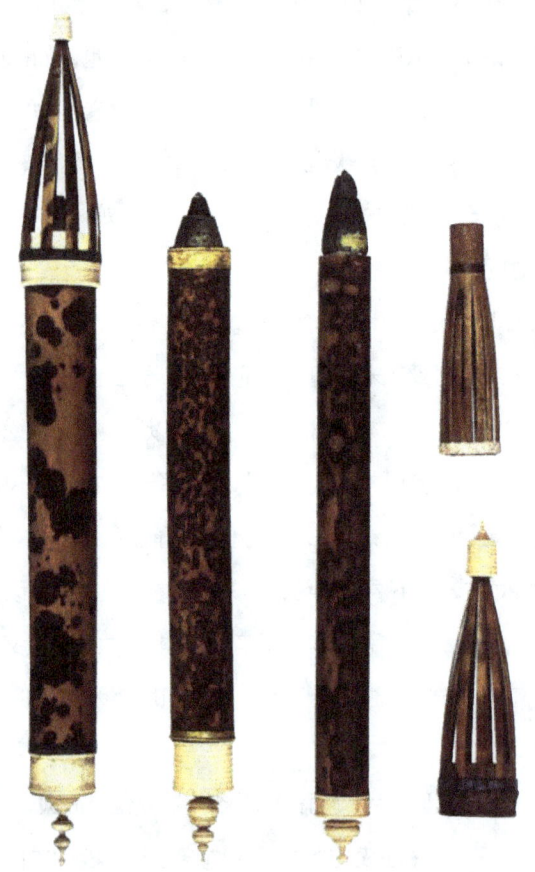

图九　日本正仓院藏唐笔

1988年安徽省合肥市宋太师舒国公孙马绍庭夫妇墓出土了一对笔,笔管笔帽都是竹制的,笔毫已经炭化,但专家认为是硬毫与麻纤维制成柱心,软毫为披,是长锋披柱笔。当时的制笔名匠众多,而尤以诸葛高最著名。

诸葛高安徽宣城人,出身制笔世家,历时唐宋两朝。梅尧臣诗赞之云:"笔工诸葛高,海内称第一。"(《次韵永叔试诸葛高笔戏书》)诸葛高所制笔,根据黄庭坚的记载,是使用几种兽毛散立而扎,其毫寸半,一寸于管中,属于新的制笔方法,称之为"散卓笔"。据传,苏东坡赴京赶考时,友人赠其两支诸葛高笔,屡试不败,因此苏东坡极为赏识诸葛高所制笔。诸葛高之后,诸葛元、诸葛渐、诸葛丰及歙州吕道人、吕大渊,新安汪伯立，均为其传人。

吕大渊，黟州（今安徽黄山市黟县）人。在继承宣笔制作的基础上，又有所发展。宋黄庭坚《山谷集（别集卷六）》"笔说"中载："黟州道人吕大渊心悟韦仲将作笔法，为余作大小笔凡二百余枝，无不可人意。因见余家有割余狨皮，以手撼之，其毫能触人手，则以作丁香笔。今试作大小字，周旋可人，亦是古今作笔者所未知也。往在樊道有严永者，蒸獭毛为余作三副笔，亦可用。然永未尝知笔中善病，不能为他人作字也。大渊又为余取高丽猩猩毛笔，解之，拣去倒毫，别撚心为之，率十得六七，用极善。乃知世间法，非有悟处亦不能妙。"[7]

吕道人，歙州人。其制笔技艺继承宣笔制作之长又有创新，名扬一时。黄庭坚《山谷集（别集卷六）》中载："歙州吕道人非为贫而作笔，故能工。"[8]

吴说，宋代笔工吴政之子，继家法制笔，笔经久耐用。

程奕，苏东坡说钱塘笔工程氏制笔，有前人风格，使写字轻巧，制作精妙。

侍其瑛，擅长紫毫"枣心笔"。所谓"枣心笔"为笔如枣心之形，故称。

张遇，以制丁香笔为人所知。黄庭坚"笔说"载："张遇丁香笔，撚心极圆，束颔有力。"[9]丁香笔也是宋代毛笔的一种。

汪伯立，新安（今安徽省黄山市歙县）人。南宋理宗时，徽州知府谢则以汪伯立笔，澄心堂纸，李廷珪墨，羊头岭旧坑砚称为"新安四宝"，列为进献朝廷的贡品。

南宋以后，政治经济文化南移至浙江及其周边。制笔，也逐渐从安徽开始搬迁至湖州。到了元代，宣州笔声名煊赫的地位逐渐由湖笔（湖州一带所制笔）代替。这是由于南宋建都杭州，而湖州又离杭州很近，于是逐渐形成了新的格局。

湖笔选用山羊毛、野兔毛和黄鼠狼尾毛，经过浸、拨、并、配等七十多道工序精制而成，笔锋坚韧，浑圆饱满，工艺精湛，修削整齐，有"毛颖之技甲天下"之誉。伴随湖笔的声名鹊起，由安徽迁至湖州的笔工也不断增加。

湖州早就有制笔业，尤以善琏镇为最。相传王羲之七世孙智永禅师（南朝陈、隋年间书法家）游善琏镇，住在镇上蒙恬祠侧的永欣寺，与当地制笔工匠经常切磋制笔技术。智永擅书法，他用败的笔头埋在晓园（今善琏镇轮船码头处），名"退笔冢"。

（7）见《钦定四库全书·集部·山谷别集》卷六《笔说》条。
（8）同上。
（9）同上。

智永禅师圆寂后，葬在"退笔冢"旁。

入元以后，浙江吴兴一带先后出现了一批制笔名家，他们不惜工本，因而博得各界好评，甚至承制元代宫廷"御笔"，以致湖笔声誉日隆。（图十）明成化湖州府志和清同治湖州府志都记载称，元时冯应科、陆文宝制笔，其乡习而精之，故湖笔名于世。

冯应科，宋末元初湖州著名笔工。所制湖笔被称为"冯笔"，与当时书法家赵孟頫的书法，钱舜举的绘画，誉为"吴兴三绝"。方回（1227—1305）有《赠笔工冯应科》一首，有句云："文房四宝拟四贤，最不易致管城伯。""善书今谁第一人，冯应科笔今第一。"杜本（1276—1350）有诗赞美曰："吴兴冯笔妙无伦，近有能工沈日新。倘遇玉堂挥翰手，不嫌索价似珍珠。"此诗在湖州可谓脍炙人口，也因此可知，沈日新也是当时的名工之一。清梁同书（1723—1815）在《笔史》中也记载："吴兴冯笔，至与子昂，舜举擅名三绝"。吴澄《谢冯笔》诗："坡公诧葛吴，蔡澡朱所褒。迩来浙西冯，声实相朋曹。"仇远诗："浙间笔工麻粟多，精艺惟数冯应科。"

陆文宝，元末明初制笔家。浙江吴兴人，声名出众，制笔技艺传至其子陆继翁后，大有继往开来之势。明代书法家曾棨（1372—1432）《赠笔工陆继翁》诗云："吴兴笔工陆文宝，制作不与常人同。自然入手造神妙，所以举世称良工。""惜哉文宝久已死，尚有家法传继翁。我时得之一挥洒，落纸欲挫词场锋。"

还有张进中，元代湖州笔工，以鼬鼠毛作为制笔原料，制成鼬鼠笔，为皇宫中所用。清阮葵生《茶余客话》载："都城耆老，善制笔。管用坚竹，毫用鼬鼠，精锐宜书。吴兴赵子昂、淇上王仲谋、上党宋齐彦皆与之善。尚方有所需，非进中笔不用，进中每月持笔入宫，必蒙赐酒食。"鼬鼠即黄鼠狼，故称"狼毫"。梁同书《笔史》也载："张

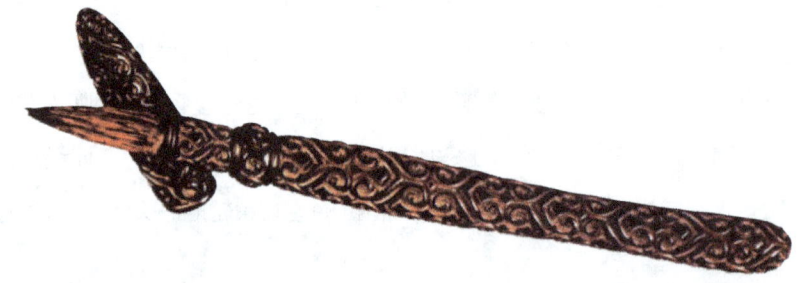

图十　韩天衡藏元代雕漆管笔

进中字子正，淇上王仲谋、上党宋齐彦、吴兴赵子昂皆与之游。以一笔工而数得持笔入禁中，见元王士熙《张进中墓表》。王恽有《赠进中》诗。"

其他还有周伯温等。周系西域人，名沙剌班，以制黄羊尾笔扬名当时。继承了古笔制法，亦受时人赞美。

湖笔之外，元末湘笔崛起，虽名气远不如湖笔，但产量渐增，逐渐成为又一大制笔产地。

明清两代是毛笔制造业的鼎盛时期，不但追求实用，也在工艺方面讲求欣赏性。特别是宫廷用笔，极奢华之能事，工艺也达到了一个极致，美轮美奂。明清两代官制毛笔，传世至今的非常多，以北京故宫博物院、台北故宫博物院等各大博物馆的馆藏为主。（图十一）

宫廷制笔非常讲究，首先是笔毫取材更为广泛，在实用的基础上注重装饰性。材料上，除常见的羊毫（图十二）、紫毫（兔毫）（图十三）、狼毫（图十四）、兼毫（图十五）外，还有貂毫、马毫、猪鬃（图十六）、鸡毛、鹅毛、胎毛等，再根据需要制作成各种硬度，或柔软，或劲健，或刚柔适中，且能经久耐用，备具"尖、齐、圆、健"笔之四德的要求，（清唐秉钧《文房肆考图说》云："尖者，笔头尖细也。齐者，于齿间轻缓咬开，将指甲揿之使扁排开，内外之毛，一齐而无长短也。圆者，周身圆溜饱湛，如新出肥土之笋，绝无低陷凹凸之处也。健者，于指上打圈子，决不涩滞也。柔者指头上圈时，不觉硬强。刚者圈停提起，笔头自能尖整者是也。"）以适合种种使用需要。其次，形制

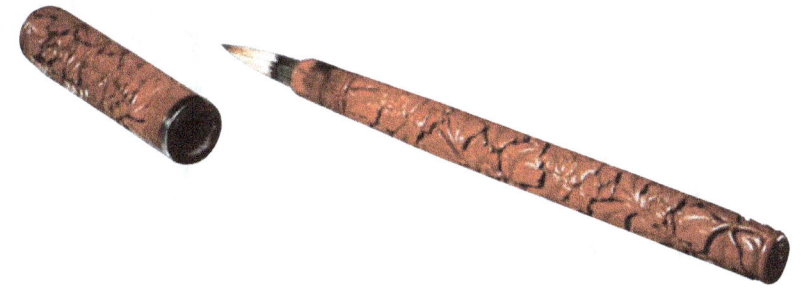

图十一　故宫博物院藏明宣德红雕漆牡丹纹管兼毫笔

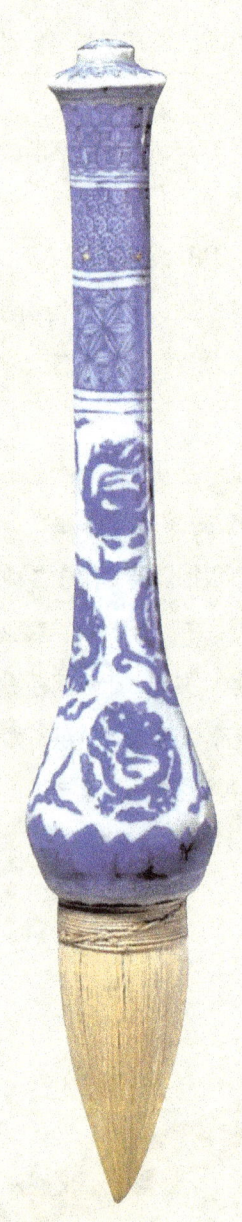
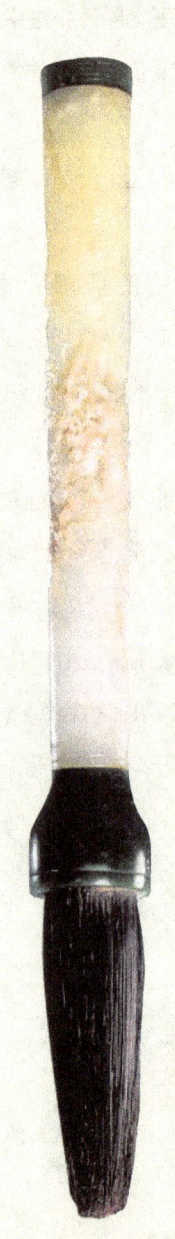

图十二　故宫博物院藏明万历青花团龙纹羊毫提笔

图十三　故宫博物院藏清青玉管碧玉斗兼毫提笔

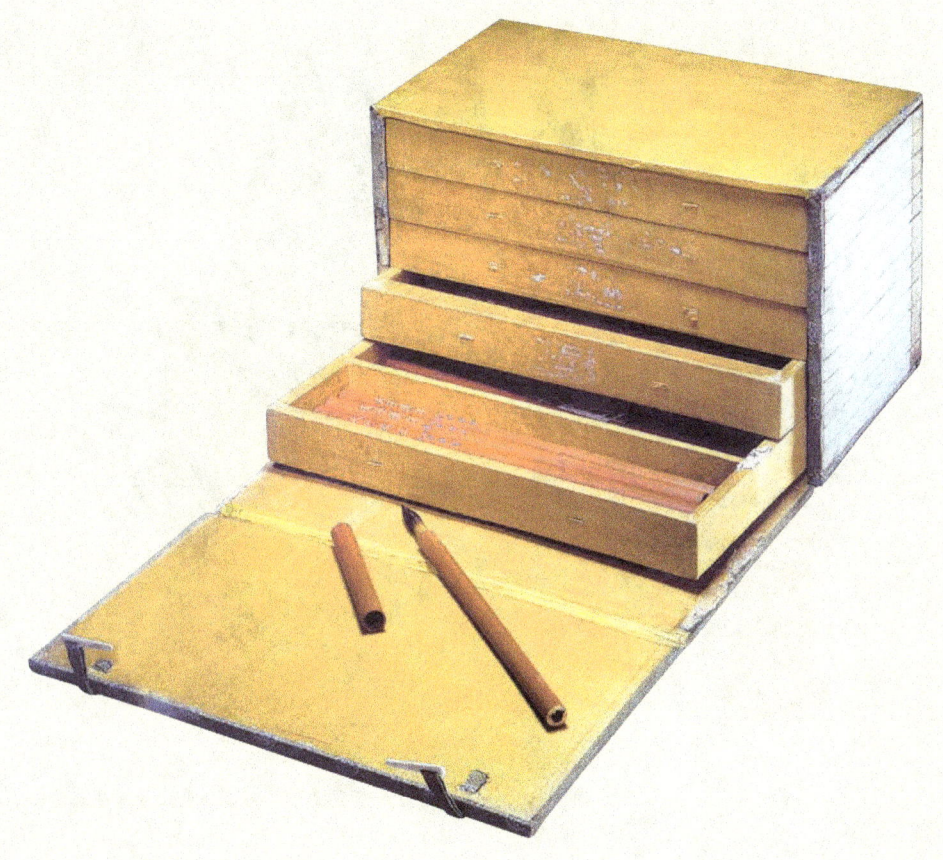

图十四　故宫博物院藏清康熙年制竹管天子万年紫毫笔

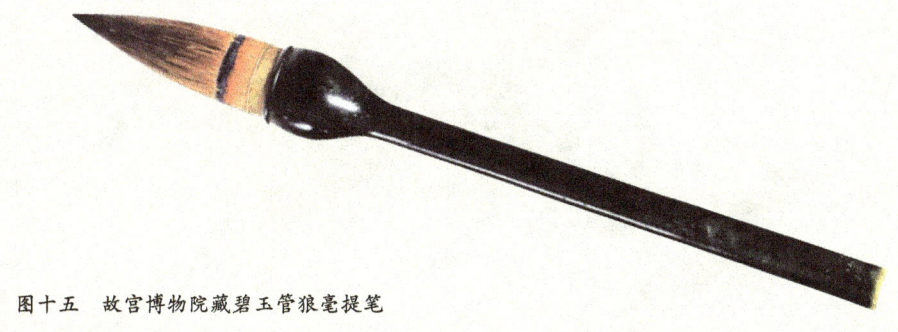

图十五　故宫博物院藏碧玉管狼毫提笔

书斋雅物——笔墨纸砚

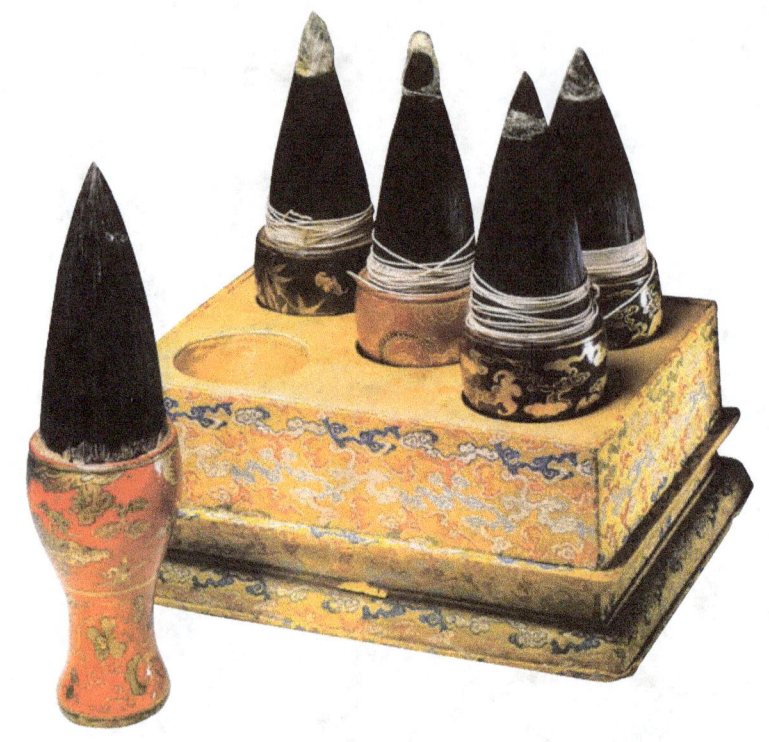

图十六　故宫博物院藏清乾隆年制彩漆描金纹管鬃毫抓笔一套

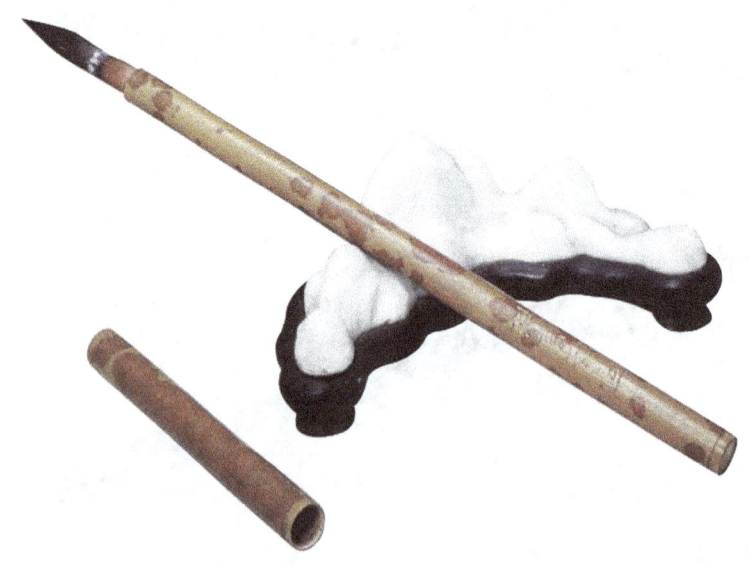

图十七　故宫博物院藏清乾隆年制湘妃竹管"河洛呈祥"紫毫笔

更多，按照锋颖长短可分为长锋、中锋、短锋，按照大小粗细可分管笔、提笔（见图十二）、抓笔（见图十六）等等。笔毫的形状也有笋尖形、葫芦形、兰芯形等。再者，笔管质地更加丰富。有竹〔棕竹、斑竹、湘妃竹（图十七）〕、玉〔青玉、白玉、黄玉、碧玉（参见图十三）〕、漆〔雕漆、剔犀、黑漆描金、黑漆螺钿、填漆（图十八、图十九）〕、木〔紫檀、檀香木、红木、鸡翅木、乌木、黄杨木、花梨木等〕、瓷〔青花、五彩、粉彩、青花红彩（参见图十二）〕、象牙（图二十）、金、银、珐琅、犀角、牛角、玳瑁、翡翠等等，装饰更为多彩，有髹漆、雕刻、彩绘、烧制，有的一支笔管，采用多种方法，多种材质，装饰题材丰富，雕镂精致，色彩鲜艳，大体以吉祥图案为主，有双龙戏珠、龙凤、八仙、云凤、云蝠、古钱、人物山水等，以使其达到前所未有的艺术形式。因此，可以说，明清宫廷用笔，除了实用性外，更是极为精美的工艺美术品。

民间也有不少发明，明代陈献章（1428—1500，字公甫，号山居，广东新会人）创以植物纤维为原料制笔头，世称"白沙茅龙笔"，所书别有情趣而独到。其他如藤编（图二十一）、剔红（图二十二）、剔犀、翡翠（图二十三）等等都有上好佳制。

明清两代的著名笔工有：

陆继翁，明代笔工，元代名工陆文宝之子。

施文用，明代笔工，浙江吴兴人，精制笔翰，多作为贡品，进献皇宫内府，被达官贵人视为案头清玩，笔杆常标"笔匠施阿牛"记号，弘历皇帝鄙弃其名，改为"施文用"。此后施文用的名字在湖笔界有了盛誉。

张文贵，明代笔工。杭州人。长于制画笔，有"画笔以杭之张文贵为首称"的赞评。

周虎臣，清初著名笔工，江西临川人。制笔规模较小，以自产自销的方式经营，清康熙三十三年（1694）在苏州开设"周虎臣笔墨店"，专门制作经营毛笔；其后人于1862年扩展到上海开设分店，而后总店也迁至上海，成为拥有100多名笔工的作坊。子继父业，连续七代。周虎臣制笔选料，做工，以精美实用而闻名。

王永清，清代笔工，江苏吴县大郎桥人。善制笔，不传徒不设肆，治笔于家，做工精细。清包世臣《艺舟双楫》中记有王永清语："吾之治笔也，先纳笔头于粗管，修去其曲与扁之甚者，胶尖俟干透，乃倒梳其根令净，换管再扎，又择去其不甚直而圆者，再胶再梳，又恐曲与扁者虽净，或有圆正而其材不长不能齐尖者厕其间，上齐则下所藏入管者少而根硬，下齐则腰发胖而尖薄，是亦未足以发挥指力，曲折如意也；又择而梳之，然后固扎其根，而黎以投于精管。故终笔之用，而无一褪毫，尖尽秃而

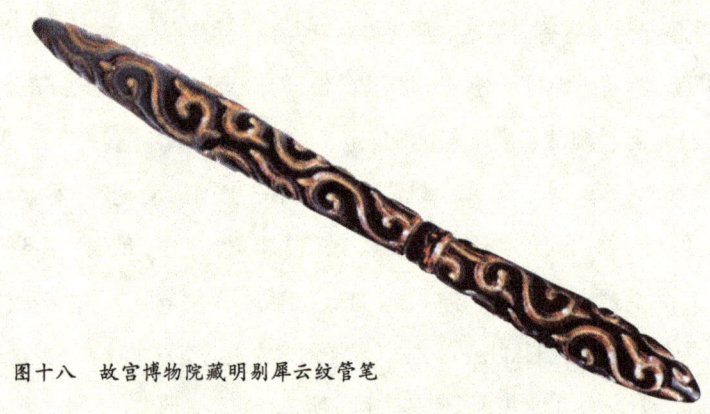

图十八　故宫博物院藏明剔犀云纹管笔

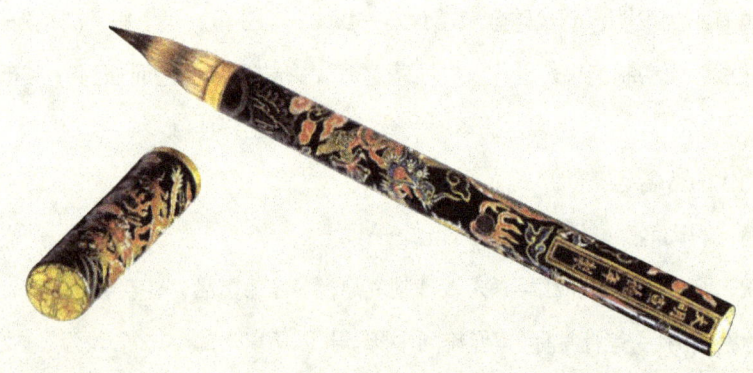

图十九　故宫博物院藏"大明宣德年制"款彩漆描金云龙纹管花毫笔

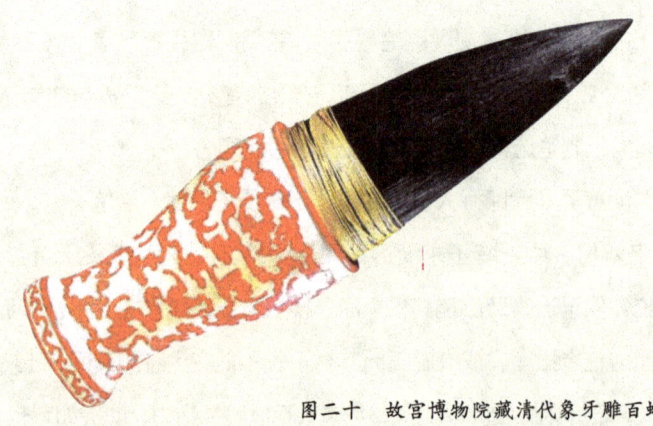

图二十　故宫博物院藏清代象牙雕百蝠流云管鬃毫抓笔

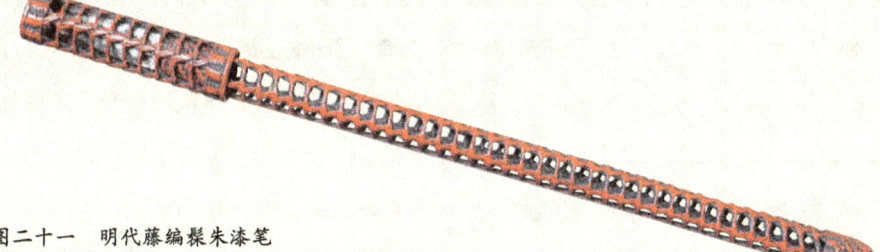

图二十一　明代藤编髹朱漆笔

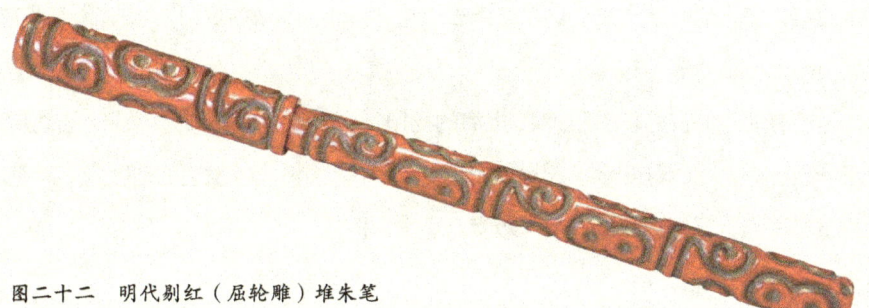

图二十二　明代剔红（屈轮雕）堆朱笔

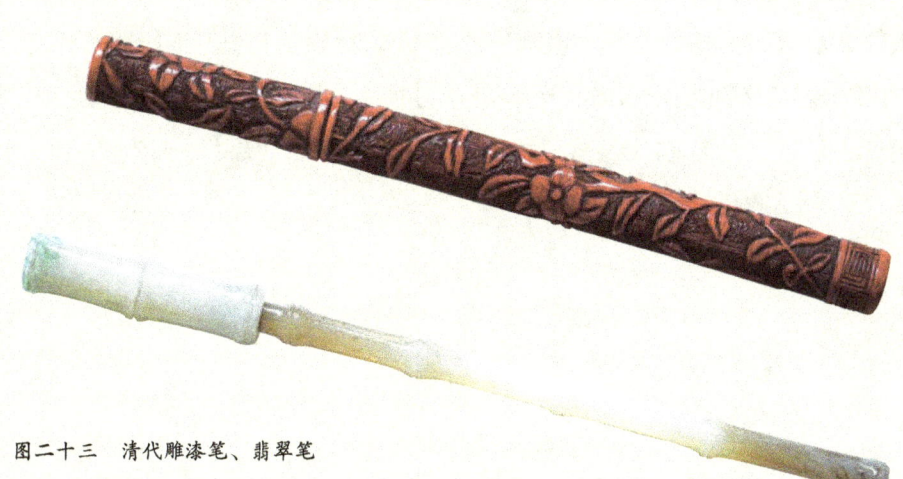

图二十三　清代雕漆笔、翡翠笔

笔身仍韧好不僵也。"⁽¹⁰⁾由此可知王永清制笔相当讲究。

王兴源，清代笔工，浙江归安善琏镇（今属浙江省吴兴县）人。在扬州设肆卖笔，是湖笔名师之一。包世臣在《艺舟双楫》中专门有"记两笔工语"，其中谈道："王兴源者，归安之善连镇人，估笔扬州兴教寺，甚困。扬市羊毫无佳者，嘉庆丙寅春，兴源介友人进其笔，试之而善。⁽¹¹⁾"

李馥斋，清代北方笔工，道光时人。精于紫毫（兔毫）兼羊毫制笔，尖、齐、圆、健四德皆备。又能制作卷心笔，其功能超过一般规范，大小皆善，为当时书家文人所称赞。

邵芝岩，浙江慈溪人，同治元年在杭州武林开设笔庄，所制曾列为贡品。赵之谦晚年所用笔，多出自邵芝岩之手。赵之谦去世后，葬于杭州西湖边丁家山，即是邵家墓地，与邵芝岩墓为邻。

其他还有北京的古月轩、贺连清，上海的杨振华、李鼎和，苏州的贝松泉、陆益堂，以及王一品、陈象九、陶正元等。上海、北京、杭州等经济比较发达的地区成了制笔、卖笔的重要据点，开始逐渐形成生产贩卖乃至文房四宝贩卖一条龙。经过民国、新中国成立后的各种变迁，许多笔铺名称至今还在，当然所制毛笔质量已今非昔比，仅有其名而无其实了。

毛笔的制作，进入20世纪以后开始大幅度衰败，与科学的进步成反比。钢笔、铅笔、圆珠笔等现代文明所带来的各种硬笔的普及，使用毛笔的人数比例在逐年递减。虽然人口增加，毛笔的贩卖量还没有明显下降，但毛笔已经不是历史上那么纯粹的书写工具了。现在毛笔的使用，仅局限于小学生学习书画，以及书画专业、爱好者之间了。明清以及历史上的名笔，已经成了类似于明清古墨一样的"传说"，归为了古代工艺美术品，进入收藏领域。

（１０）见《历代书法论文选》，上海书画出版社1979年版，P675。
（１１）同上，P674。

说　纸

我们在此之前介绍了砚、墨、笔的历史，纸的出现可以说是文房四宝中最晚的，但它的发明，意义却远远超出其他三项。它和指南针、火药、印刷术共同组成了中国古代科技四大发明，不仅对中国，也对人类进步起到了重要的推动作用，大幅度地促进了文化的传承、传播与发展。

在漫长的人类文化进程中，先祖们曾依靠过结绳记事。从目前的考古发现来看，大约在三千五百年前的殷商时代，中原地区的人通过甲骨片上的刻制卜辞，传载了目前已知的最早的汉文字^(图一)。稍晚，商周时代在青铜器上制作铭文，成为正统汉文字的基础。经过战乱兼并，最后在秦始皇统一中国后，统一了全国文字字形，从此汉字字形被基本固定化。

在汉文字产生的初期，传承文字，需要那些具有文化且有高超技术的人，把汉字刻制在甲骨片、青铜器、铁器、玉、石等硬质物质之上，非精通此类工艺者不能为之。大约春秋战国时期开始，人们在竹木板片上以及缣帛上书写文字，传递书信、文件。较之刻辞、铸金，已大大前进了一步。但由于缣帛太昂贵，竹木太笨重，或无财力书写，

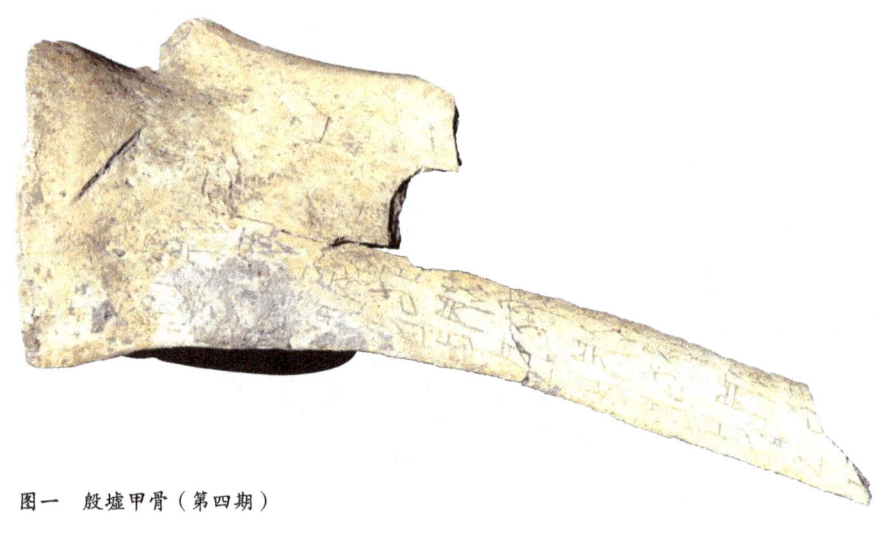

图一　殷墟甲骨（第四期）

或无体力运送。纸的发明便是为解决此类难题应运而生的。

根据史书记载，纸的发明者是东汉的蔡伦（63—121）。《后汉书·蔡伦传》（卷一百八·宦者列传第六十八）载："蔡伦，字敬仲，桂阳人也。以永平末始给事宫掖，建初中，为小黄门。及和帝即位，转中常侍，豫参帷幄。伦有才学，尽心敦慎，数犯严颜，匡弼得失。每至休沐，辄闭门绝宾，暴体田野。后加位尚方令。永元九年，监作秘剑及诸器械，莫不精工坚密，为后世法。自古书契多编以竹简，其用缣帛者谓之为纸。缣贵而简重，并不便于人。伦乃造意，用树肤、麻头及敝布、渔网以为纸。元兴元年奏上之，帝善其能，自是莫不从用焉，故天下咸称蔡侯纸。"从这个记载可知，蔡伦字敬仲，桂阳（今湖南郴州市）人。明帝永平十八年（75）入宫为宦。东汉章和元年（87），任尚方令，即皇室器械、工艺制作部门总管。元兴元年（105）发明造纸术。他总结前人经验，用树皮、麻头、破布、旧渔网等原料经过挫、捣、抄、烘等工艺造纸，称"蔡侯纸"。从此，后世传其为造纸术的发明者。

许慎《说文解字》中说："纸，絮一苫也。"东汉服虔著《通俗文》中说"方絮曰纸。"《说文解字》及《通俗文》中提到的"絮"，也就是缣帛类可用于书写者，属于丝类，因此最初的"纸"是"糸"字旁的。唐徐坚《初学记》载:"古书以缣帛依书长短随事截之,名曰幡纸。故其字从糸。至后汉蔡伦剉故布捣抄作纸,又其字从巾。"(1)古时缣帛类量少而珍稀,价格昂贵,难以通行于世。蔡伦发明综合纤维材料造纸术,扩大了材料范围,降低了造纸的成本,对于纸的普及,起到了决定性的作用。

20世纪以来,中国各地发掘出土不少西汉、东汉的纸张实物,可以验证史书的记载。1957年陕西历史博物馆在西安东郊灞桥附近的一座西汉墓中,发掘出了一批称之为"灞桥纸"的实物,其制作年代当不晚于西汉武帝时代。1934年在新疆的罗布淖尔发现古麻纸,定为西汉时期;1978年在陕西扶风中颜村发现西汉残纸,上有手书四个字;1986年在甘肃天水放马滩汉墓中出土"放马滩纸",上绘有地图;1990年在甘肃敦煌汉代悬泉邮驿遗址出土"悬泉纸",其他还有"查科尔帖纸"、"金关纸"（图二）等等,年代大约比东汉蔡伦所造的纸要早150年至200年。今后,这类考古发现还将继续,随着科学的进步,发掘品年代断定也将越来越精确。纸的最初发明,到底始于何时,还在不断确认之中。不过,可以肯定,在西汉乃至东汉、三国时期,纸张还未普及,简牍依旧是主要的文字载体。

现代考古发掘表明,三国时代还在使用着竹简文书,长沙走马楼发现了大量的东吴孙权年号的竹简。新疆吐鲁番出土的西晋木简,木简上记明为"泰始九年二月(273)"。范晔(398—445)在编写《后汉书》时,纸张已经替代了简牍,他完全明白,纸张的功用以及意义,因此对蔡伦立传时,专门颂扬了蔡伦"造意,用树肤、麻头及敝布、渔网以为纸。元兴元年奏上之,帝善其能,自是莫不从用焉,故天下咸称蔡侯纸"的历史功绩。这一篇以技术功绩立传存史的宦官传略,是对蔡伦造纸的颂扬,也是对纸的颂扬。蔡伦纸得到皇上的肯定,进而得以实用并逐步推广,其意义非凡。从这个意义上说,笔者赞同"蔡伦为纸的发明者"之说。

至东汉末年献帝时,东莱人左伯(生卒年不详)又对以往的造纸方法作了改进,进一步提高了纸张质量。他造的纸洁白、细腻、柔软、匀密、色泽光亮,纸质尤佳,世称"左伯纸",其中尤以五色花笺纸,高级书信纸为上。汉赵岐(?—201)《三辅决录》曰:"韦诞(179—253)奏,蔡邕自矜能书,兼明斯喜之法,非得纨素,不妄下笔。工欲善其事,必先利其器用。张芝(?—192)笔、左伯纸及臣墨,皆古法,兼此三具,

---

(1)见《康熙字典》"纸"字。

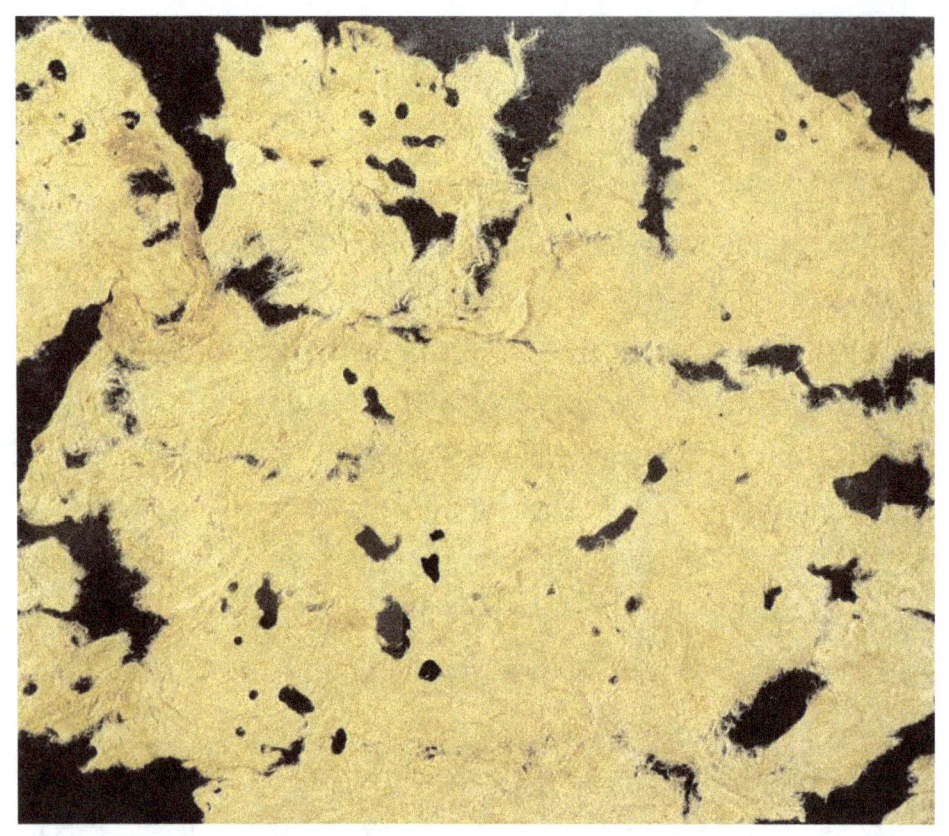

图二　甘肃省博物馆藏西汉金关纸

又得臣手,然后可尽经丈之势,方寸千言。[2]"唐张怀瓘(生卒年不详)《书断(下)》"左伯字子邑,东莱人。特工八分,名与毛弘等列,小异于邯郸淳,亦擅名汉末。尤其能作纸,汉兴用纸代简,至和帝时蔡伦工为之,而子邑尤得其妙。故萧子良答王僧虔书云:'子邑之纸,妍妙辉光;仲将之墨,一点如漆;伯英之笔,穷神尽思;妙物远矣,邈不可追。'"[3]可知,"子邑之纸"、"仲将之墨"、"伯英之笔"在当时是最好的文房具。

魏晋南北朝时期,纸已经被广泛使用,造纸技术进一步提高,越、蜀、扬及皖、赣等地都有生产。造纸原料开始多样化,以竹、麻、楮皮为主。纸的名目也繁多。如

---

(2)见《文房四谱》,宋苏易简著,中华书局 2011 年版,P182。
(3)见《历代书法论文选》,上海书画出版社 1979 年版,P195。

竹帘纸，纸面有明显的纹路，其纸紧薄而匀细。剡溪（今浙江嵊州市一带）有以藤皮为原料的藤纸，纸质匀细光滑，洁白如玉。东阳有鱼卵纸，又称鱼笺，柔软，光滑。北方以桑树茎皮纤维造纸，质地优良，色泽洁白，轻薄软绵，拉力强，纸纹扯断如棉丝，所以称棉纸。现在有很多实物纸张存世，特别是敦煌写经、西域文书的出土，早期写经、文书，根据分析显示，大多是麻纸和楮皮纸类。西晋的陆机《平复帖》便是麻纸所书。（图三）

为了延长纸的寿命，晋时已发明染纸新技术，即从黄檗中熬取汁液，浸染纸张。

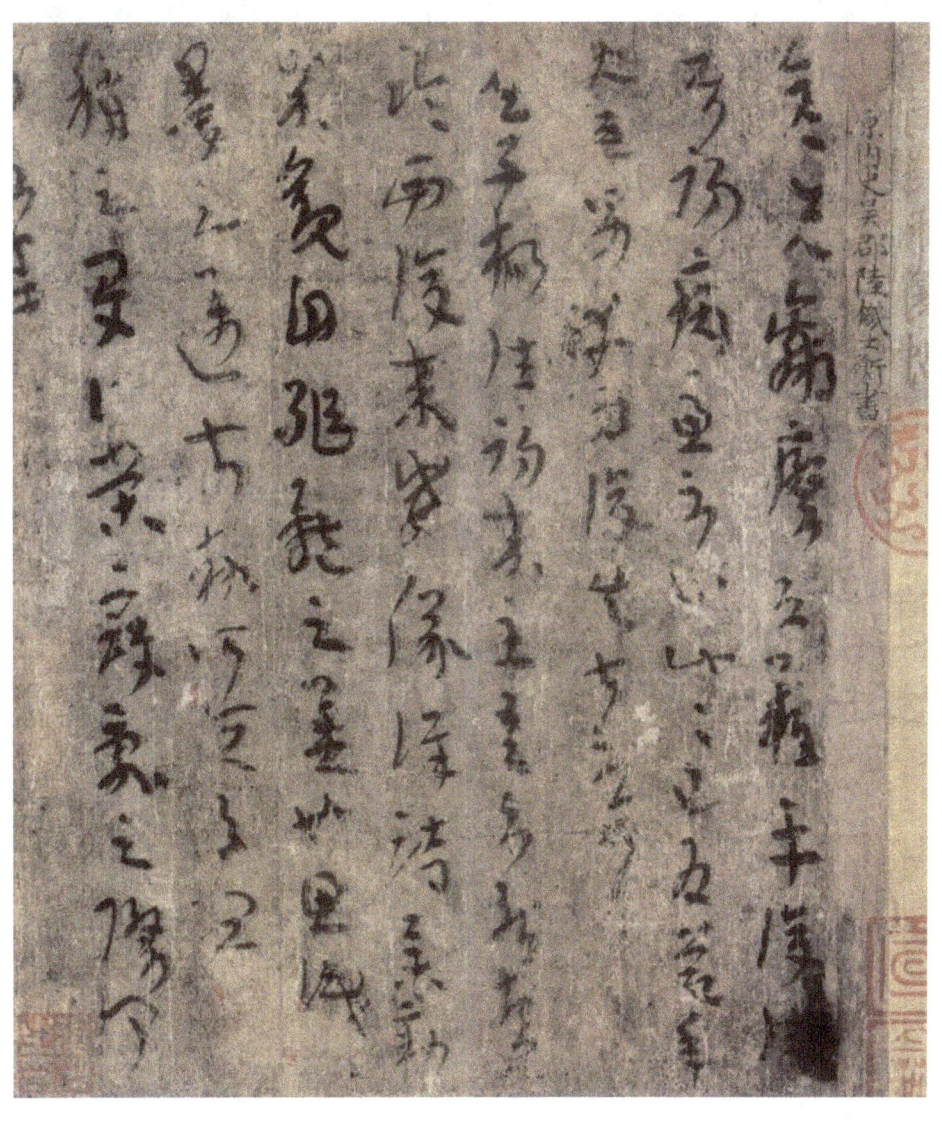

图三　西晋陆机《平复帖》——麻纸

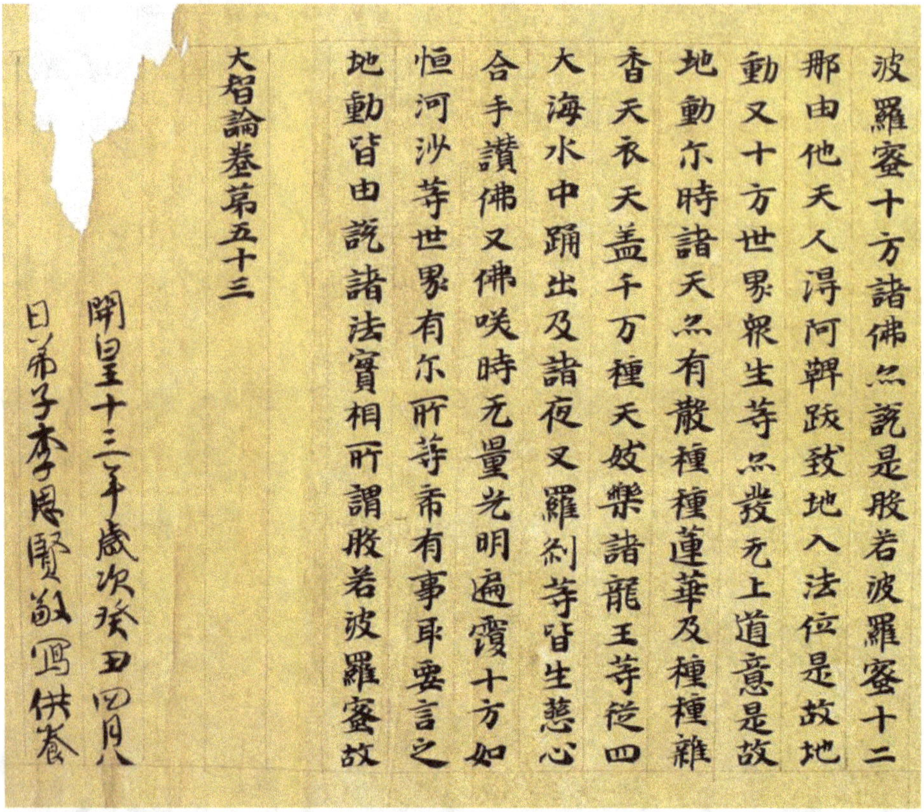

图四　安徽省博物馆藏隋代写经所用的"黄麻纸"

浸染的纸叫染潢纸，呈天然黄色，所以又叫黄麻纸。黄纸有防蛀的功效。公元六世纪的贾思勰在《齐民要术》中，专门有两篇记载了造纸原料楮皮的处理和染黄纸的技术。

米芾（1051—1107）《书史》记载："王羲之《来戏帖》黄麻纸。字法清润，是少年所书……""晋太宰中书令王献之字子敬《十二月帖》，黄麻纸。"又，颜真卿"《峡州别驾帖》，白麻纸，真字。"凡此等等，可知，当时人所用麻纸为多。《事类赋》卷十五引南朝宋刘义庆《世说新语》："王羲之书《兰亭序》，用蚕茧纸，鼠须笔，遒媚劲健，绝代更无。"这里说的蚕茧纸具体是什么纸，因无实物传世，尚不能考。一说用蚕茧壳制成，恐非。田洪生编《纸鉴》中收有宋代蚕茧纸一种，称即"棉纸"，或可参考。

到隋唐时代，造纸业已经有了很大成就，产地广、产品种类多，皮纸、藤纸、麻纸是主要用纸，质量也达到了相当高的水平。麻纸生产则更加兴旺，发展成为白麻纸、黄麻纸和五色麻纸等多种，以适应不同的用途。即凡是诏令、笺表用白麻纸书写，所以当时宣布诏书称作"宣麻"。官府抄书也用麻纸，写经则用黄麻纸[图四]，敦煌藏经大部分正是用黄麻纸抄写。唐玄宗时，仅洛阳、长安两地抄写四部书就达 125960 卷，可见麻纸用量之大。另外，新疆出土的唐纸，也大部分是麻纸，因此麻纸在唐代仍占主要地位。传世名作中，唐代诗人杜牧（803—852）《张好好诗》[图五]为北方系麻纸。欧阳询（557—641）《卜商帖》考为后世摹本，大约在晚唐至五代间，所用也是麻纸。五代书家杨凝式（873—954）的《神仙起居法》手卷[图六]，所用也是麻纸。

皮纸较麻纸更坚韧敦厚，适用于书法绘画。唐代冯承素的《兰亭序》摹本[图七]和韩滉的《五牛图》[图八]用的都是皮纸。皮纸的原料主要是楮皮、桑皮，这两件名作所用都属于桑皮。四川成都所产著名的薛涛笺，就是用当地所产木芙蓉为原料所造的皮纸。广东罗州（今广东廉江市）还用栈香树（瑞香科沉香属植物）的皮造纸。藤纸是用青藤的皮为原料造的纸，也用于书写官府文书。藤纸分为白藤纸、青藤纸和黄藤纸等多种。浙江的剡溪、杭州、越州（绍兴）、婺州（金华）以及笔者的家乡衢州，是生产藤纸的中心地区。

隋唐时期，著名的宣纸也诞生了。唐人张彦远《历代名画记》卷三："好事者宜置宣纸百幅，用法腊之，以备摹写（顾恺之有摹拓妙法）。古时好拓画，十得七八，不失神采笔迹。"(4) 这大概是有关"宣纸"的最早记载。在宣纸的主要产地安徽宣州有这么一个传说：蔡伦的徒弟孔丹，在皖南以造纸为业，他一直想制造一种特别理想的白纸，用来替师傅画像修谱。一次，他在山里偶然看到有些檀树倒在山涧旁边，因年深日久，被水侵蚀得腐烂发白。后来他用这种树皮造纸，获得了成功。事实上，利用树皮制造宣纸，在唐朝时已经很盛行了。唐代写经的硬黄纸，五代和北宋时的澄心堂纸等，都是属于熟宣纸一类。嗣后宣纸一直是书法、绘画中不可缺少的珍品，到明清以后，中国书画几乎全用宣纸。至于使用青檀皮的时代，尚不能确认。

唐代在前代染黄纸的基础上，又在纸上均匀涂蜡，经过砑光，使纸具有光泽莹润且艳美的优点，人称硬黄纸。还有一种硬白纸，把蜡涂在原纸的正反两面，再用卵石碾压摩擦，使纸光亮、润滑、密实，纤维均匀细致，比硬黄纸稍厚，人称硬白纸。另

（4）见《唐五代画论》，湖南美术出版社 1997 年版，P179。

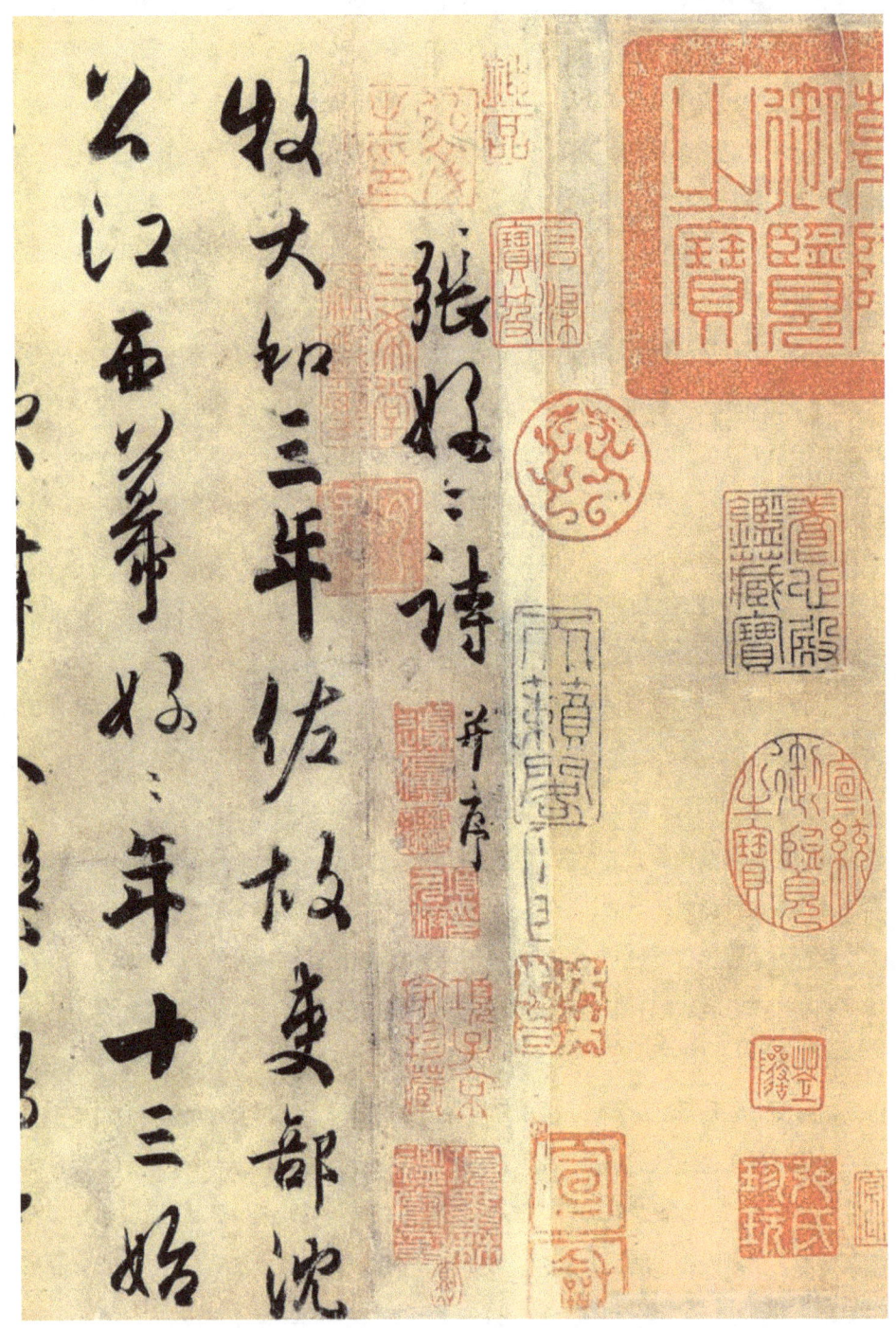

图五　唐杜牧《张好好诗》卷——麻纸

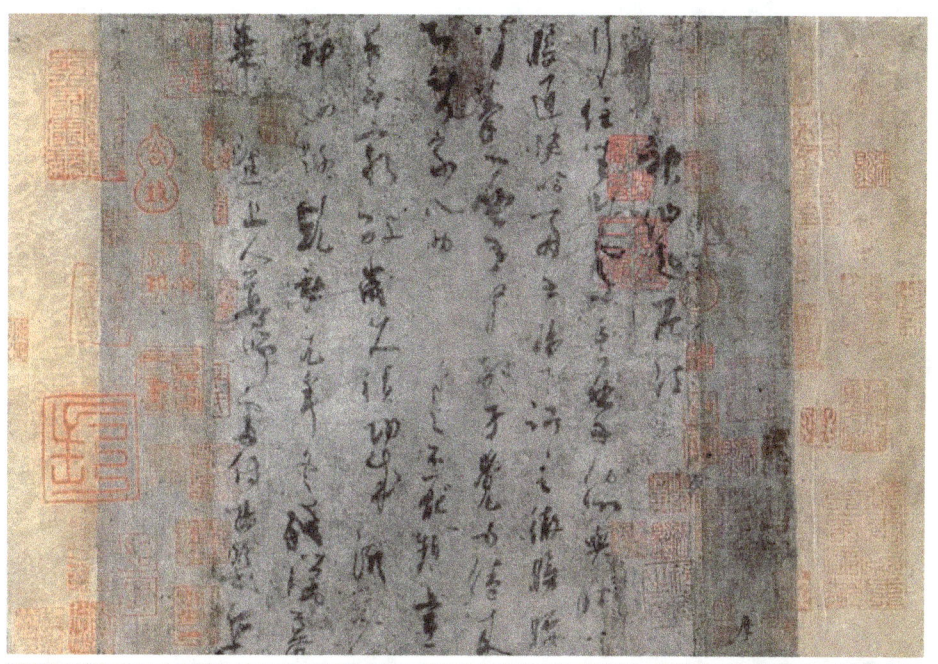

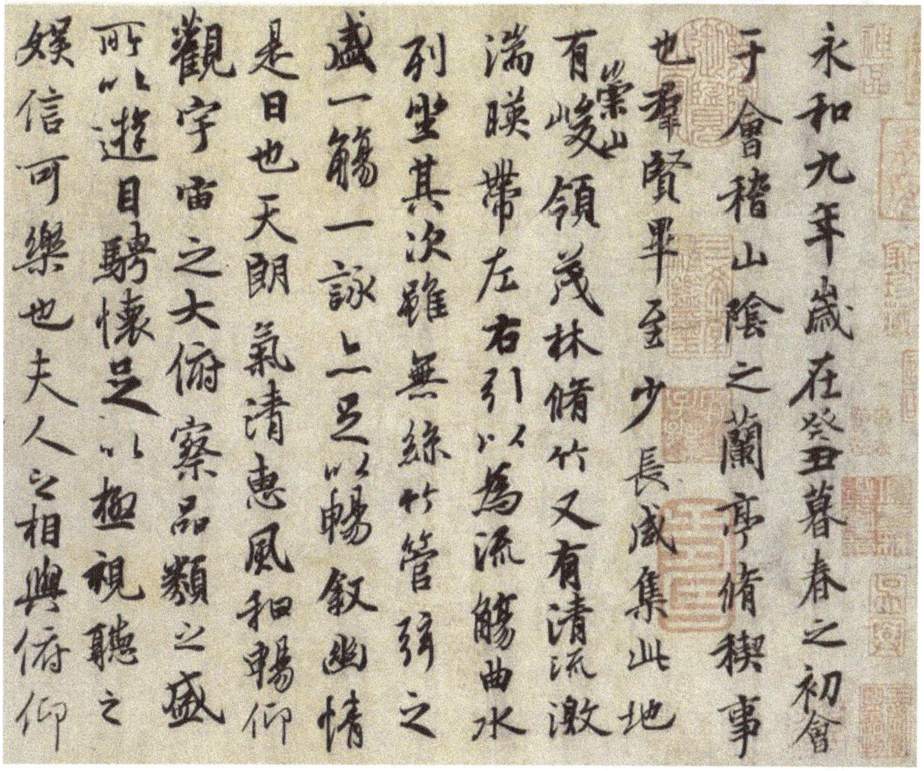

图六　五代杨凝式《神仙起居法》帖——麻纸
图七　唐代冯承素摹王羲之《兰亭序》——皮纸

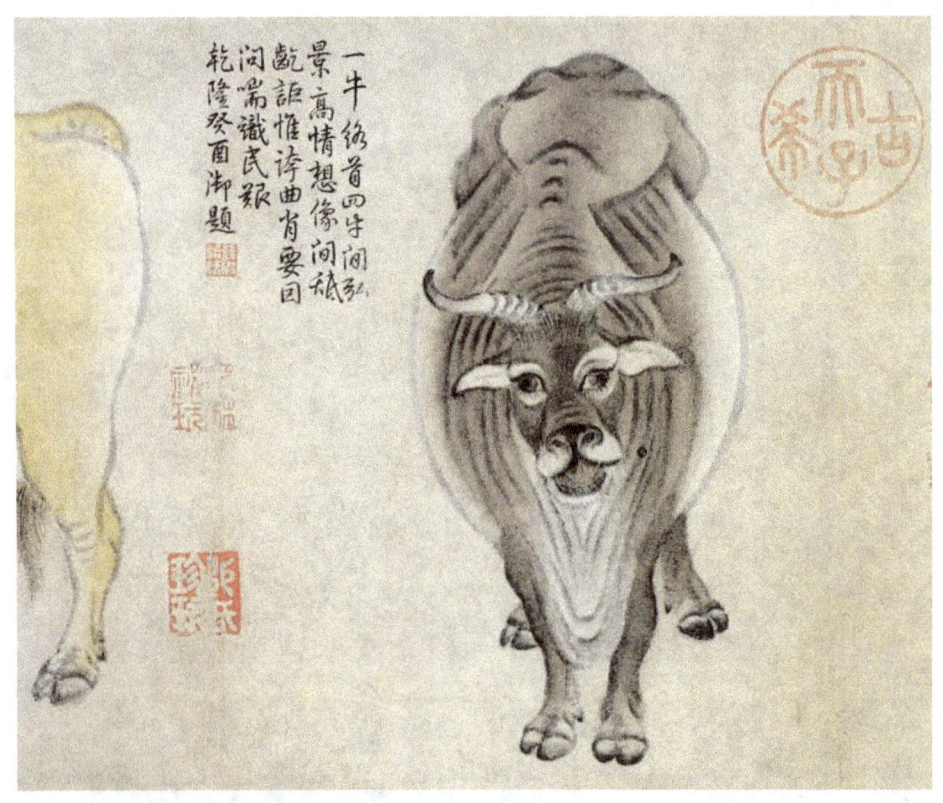

图八　故宫博物院藏唐代韩滉《五牛图》——皮纸

外还有添加矿物质粉和加蜡而成的粉蜡纸；在粉蜡纸和色纸基础上经加工出现金、银粉或箔的纸品，称作金花纸、银花纸及金银花纸，又称冷金纸或洒金银纸；还有颜色和花纹极为考究的砑花纸，它是将纸逐幅在刻有字画的纹版上进行磨压，使纸面上隐起各种花纹，又称花帘纸或纹纸。当时四川产的砑花水纹纸鱼子笺，备受文人雅士的欢迎。此外，还出现了经过再加工的纸，著名的有薛涛笺、谢公十色笺等染色纸以及各种各样的印花纸、松花纸、杂色流沙、彩霞金粉龙纹纸等。

唐代发明了雕版印刷术，大大刺激了造纸业的发展。各类纸张除了书写绘画使用外，还用于印刷。唐代的纸，无论数量、种类，都已远远超出前朝。

五代造纸业在唐的基础上，又有了进步。特别是南唐后主李煜（937—978）在宫中设立造纸作坊，特别监制宣纸，并将纸藏于澄心堂，故名为"澄心堂纸"。澄心堂纸的问世，被历史公认为是最好的纸，以致历代都有仿品。此纸"滑如春冰密如茧，把玩惊喜心徘徊。蜀笺蠹脆不禁久，剡楮薄慢还可哈。澄心堂中唯此物，静几铺写无尘埃。"（梅尧臣《永叔寄澄心堂纸二幅》）蔡襄（1012—1067）在《文房杂评》中写道："纸，李王澄心堂为第一，其物出江南池、歙二郡，今世不复作精品。蜀笺不甚久，自余皆非佳物也。"(5)又云："歙州绩溪纸乃澄心堂遗物，唯有新色，鲜明过之。今世纸多出南方，如乌田、古田、由拳、温州、惠州皆知名，拟之绩溪，曾不得及其门墙耳。"(6)北宋刘敞、欧阳修、梅尧臣、宋敏求等多有咏赞澄心堂纸的诗歌。

南宋胡仔（1095？—1170）《苕溪渔隐丛话》（卷第三十·六一居士下）记载："王直方《诗话》云：澄心堂纸，乃江南李后主所制，国初亦不甚以为贵。自刘贡甫首为题之，又邀诸公赋之，然后世以为贵重。贡甫诗云：'当时百金售一幅，澄心堂中千万轴，后人闻名宁复得，就令得之当不识。'文忠公诗云：'君不见曼卿、子美真奇才，久矣零落埋黄埃。君家虽有澄心纸，有敢下笔知谁哉。'梅圣俞云：'寒溪浸楮春夜月，敲冰举帘匀割脂。焙干坚滑若铺玉，一幅百金曾不疑。'东坡云：'诗老囊空一不留，一番曾作百金收。'又从宋肇求此纸云：'知君也厌雕肝肾，分我江南数斛愁。'"刘贡甫即刘攽（1023—1089）北宋史学家，刘敞字原父（1019—1068）之弟。据史书记载，刘敞从故府澄心堂得"澄心堂纸"百枚，兴奋地赋诗称赞。后来送给欧阳修十张，欧阳修因而作《和刘原父澄心堂纸》。此与《丛话》略异。宋淳化三年（992），太宗赵炅令出内府所藏历代墨迹，命翰林侍书王著编次摹勒上石于禁内，名《淳化阁帖》，共十卷。根据记载，初拓本使用的是"澄心堂纸"、"李廷珪墨"。2003年上海博物馆从美国安思远手里购得四本，其中卷四、七、八计三卷为初拓祖本，所用当即是"澄心堂纸"。清代周亮工《书影》卷四云："徐熙画花果，多在澄心纸上。今纸宜书者，多不宜画，澄心堂所以独贵。"台北故宫博物院藏有一幅蔡襄《澄心堂纸》信札帖，论及澄心堂纸，云："澄心堂纸一幅，阔狭、厚薄、坚实皆类此乃佳。工者不愿为，又恐不能为之。试与厚直莫得之。见其楮细，似可作也。便人只求百幅。癸卯重阳日，襄书。"(图九)一般认为，此帖便是使用的澄心堂纸。后世仿澄心堂纸为数不少，特别是乾隆仿纸数种，盖有"乾隆年仿澄心堂纸"印，或可窥五代澄心堂纸之一斑。

宋代继承了唐和五代的造纸传统，出现了很多质地不同的纸张，纸质一般轻软、

（5）见《蔡襄全集》，福建人民出版社1999年版，P699。

（6）同上。

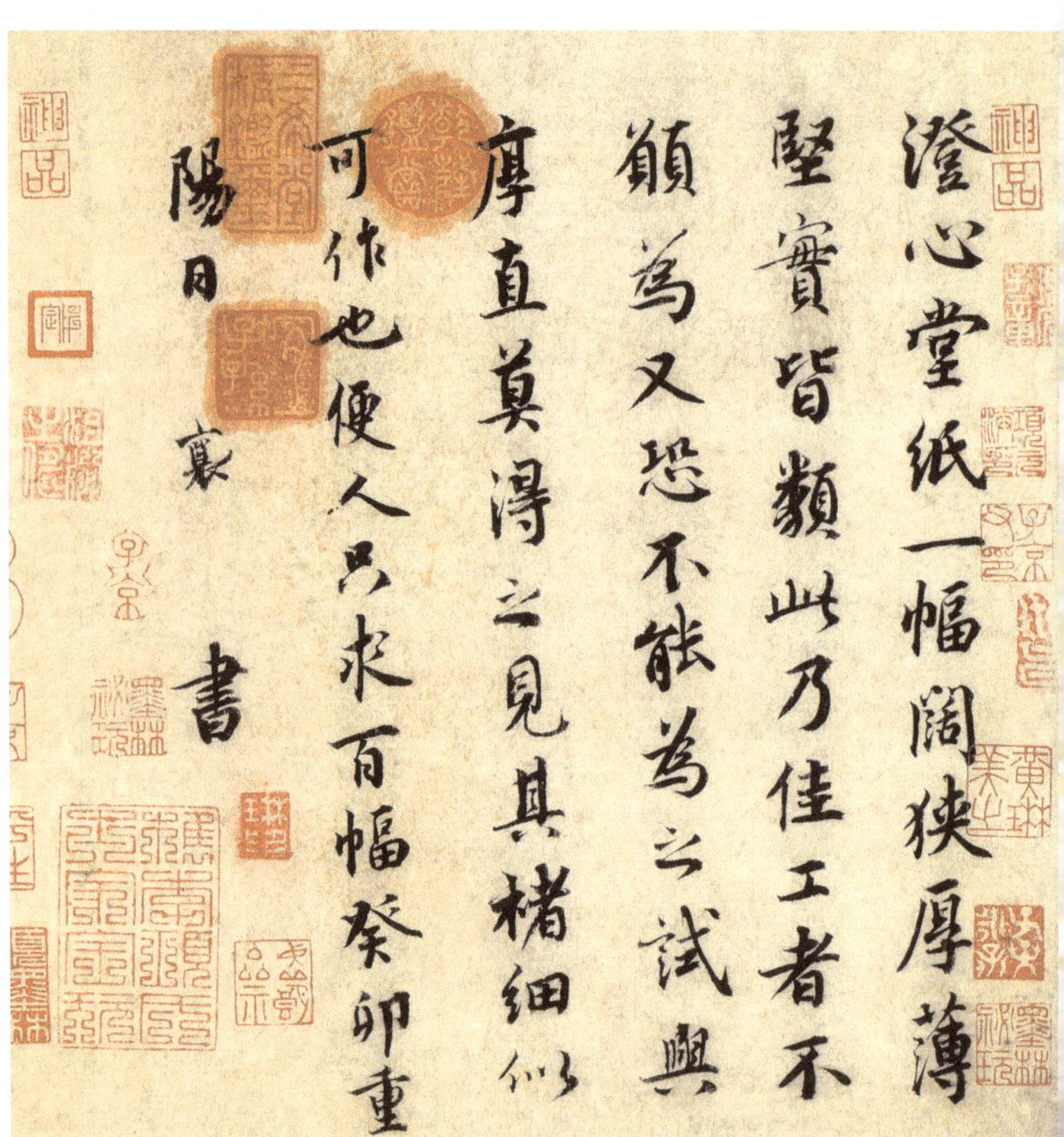

图九 台北故宫博物院藏蔡襄《澄心堂纸》帖——澄心堂纸

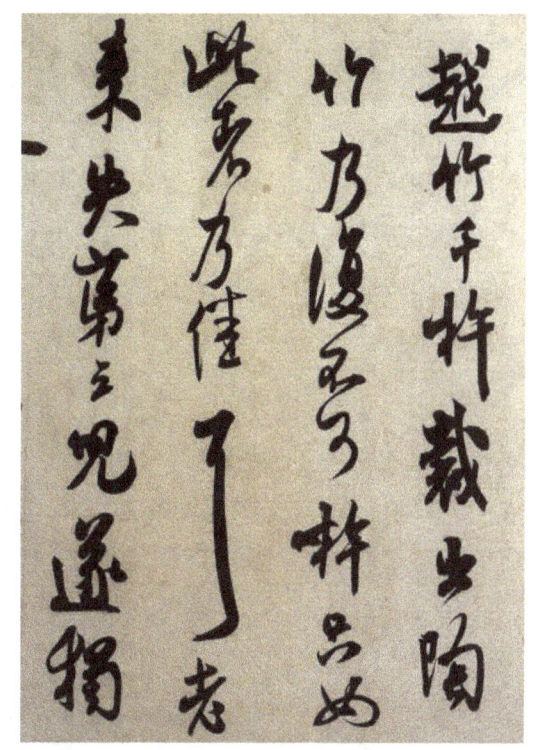

图十　台北故宫博物院藏米芾尺牍卷局部，所用即竹纸

薄韧，上等纸多为江南制造，称江东纸。传世书画精品在两地故宫博物院、上海博物馆、东京国立博物馆等处常能见得到，当今印刷技术先进，精印的作品集也能看得出纸张的大概情况。对于宋代书画作品的用纸情况分析，《中国造纸史》（潘吉星著，上海人民出版社出版）中有比较详细的报告，可参阅。

宋苏易简（958—997）《纸谱》（卷四）："蜀中多以麻为纸，有玉屑、屑骨之号。江浙间多以嫩竹为纸。北土以桑皮为纸。剡溪以藤为纸。海人以苔为纸。浙人以麦茎、稻秆为之者脆薄焉，以麦槁油藤为之者尤佳。"[7] 这大概也是宋代造纸的一种地域情况。米芾曾自制竹纸，《砑越竹学书作诗寄薛绍彭刘泾》诗云："越筠万杵如金版，安用杭油与池茧。高压巴郡乌丝栏，平欺泽国清华练。老无他物适心目，天使残年同笔砚。图书满室翰墨香，刘薛何时眼中见。"台北故宫博物院藏有米芾尺牍卷，其中有一卷云："此晋纸式也，可为之。越竹千杵裁出，陶竹乃复不可杵，只如此着乃佳耳……"（图十）此尺牍正是竹纸，可明显看出竹纤维以及帘纹。米芾诗中的"杭油"，

（7）见《文房四谱》，宋苏易简著，中华书局2011年版，P198。

产于杭郡由拳,在今浙江嘉兴一带。"池茧"即安徽池州的茧纸。宋代项安世有"茧纸新抄雪不如"诗句(见《五月七日乞池州添倅得请》)。

由于宋代发明活字印刷术,纸张用量飞增,竹纸、楮纸、木棉等等成为纸的主要原料。明宋应星(1587—1666)著《天工开物》卷十三载:"凡纸质用楮树(一名榖树)皮与桑穰、芙蓉膜等诸物者为皮纸,用竹麻者为竹纸。""凡造竹纸,事出南方,而闽省独专其盛。"清末叶德辉(1864—1927)《书林清话》亦有记载,"闽中造纸印书,宋时称盛"。

宋代抄纸技术大幅度进步,制造出了大尺寸的纸张。这与纸浆中加入"纸药"有关。加工中还配以蜡糯、黄檗、胶、矾、颜色、金银辅料,使纸更为光润、平滑、美观。上海博物馆藏北宋沈辽《动止帖》,所用是水波纹砑花笺,作"落花流水"纹,非常漂亮(图十一),可见北宋时期造纸工艺之精湛。

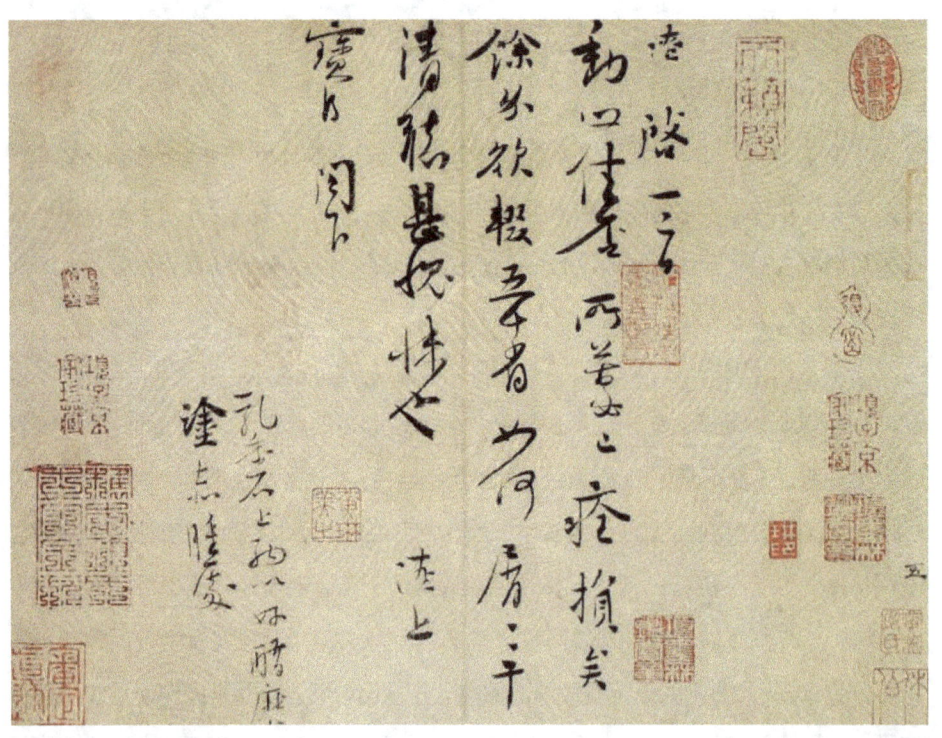

图十一　上海博物馆藏沈辽《动止帖》

元代造纸业，整体看除明仁殿（皇上御用）、瑞本堂（太子所用）等有限的几种名贵加工纸外，没有太多的创新，只有江南还勉强保持一定的造纸能力，安徽曹氏一脉迁徙泾县小岭，从此开始在泾县生产宣纸，传承至今。元代活字印刷术进一步发达，用纸要求提高，促进了印刷用纸的生产。

宋元时期的书画用纸，以皮纸为多。《中国造纸史》第262页有这样的记载："我们有幸，在研究宋元造纸术时，得见北京故宫博物院所藏各种珍品，并就其纸质作了检视。试举数例如下。苏轼的《三马图赞》、黄公望的《溪山雨意图》（29.5×105.5厘米），都是用很好的桑皮纸。李建中（945—1018）的《贵宅帖》、苏轼的《新岁未获帖》、宋徽宗赵佶（1082—1135）的《夏日诗》、法常（1176—1239）的《水墨写生图》、宋人《百花图》等，都是用楮皮纸。元人李衎（1245—1320）的《墨竹图》、赵孟頫（1254—1322）的《人骑图》、朱德润（1244—1365）的《秀野轩图》和张逊（约1285—1355）的《双钩竹》等，也都是用皮纸。……米芾的《高氏三图诗》则是用麻、楮混料纸，他的《韩马帖》是用麻纸，这在宋元书画中已属少见。"(8)其他如苏轼的《人来得书帖》、米芾的《苕溪诗》是楮皮（图十二），等等。

到了明代，造纸业又开始兴旺起来，随着经济和文化的进一步发展，尤其是印刷业对纸张的大量需求，造纸业也相应有了较大的发展。明成祖永乐元年（1403）大学士解缙（1369—1415）奉旨主持万卷本大百科全书《永乐大典》，用纸选定为江西西山所出的楮皮纸，极为匀细洁白，纸质超过前朝。笔者家乡浙江衢州也专产官纸，陆容（1436—1494）记载："浙之衢州，民以抄纸为业。每岁官纸之供，公私靡费无算，而内府、官臣视之，初不以为意也。闻天顺间（1457—1464）有老内官（宦官）自江西回，见内府以官纸糊壁，面之饮泣。盖知其成之不易，而惜其暴殄之甚也。"(9)当时，不仅政府在各主要纸产地设局造纸，抄造宝钞用纸，票据和公文用纸，以及各种精美的官笺，而且民营槽坊也大为增多，遍布全国各地，尤以江西铅山、永丰、上饶，福建建阳、顺昌，浙江常山、开化、余杭，安徽歙县、休宁、泾县、贵池，四川眉山、夹江等地，纸业相当兴盛，有些槽坊已具有较大的生产规模。据记载，万历二十八年（1600），铅山的石塘、陈坊等镇，"纸厂槽户不下三千余户，每户帮工不下一二十人"（见

（8）见《中国造纸史》，潘吉星著，上海人民出版社2009年版，P262。
（9）同上，P337。

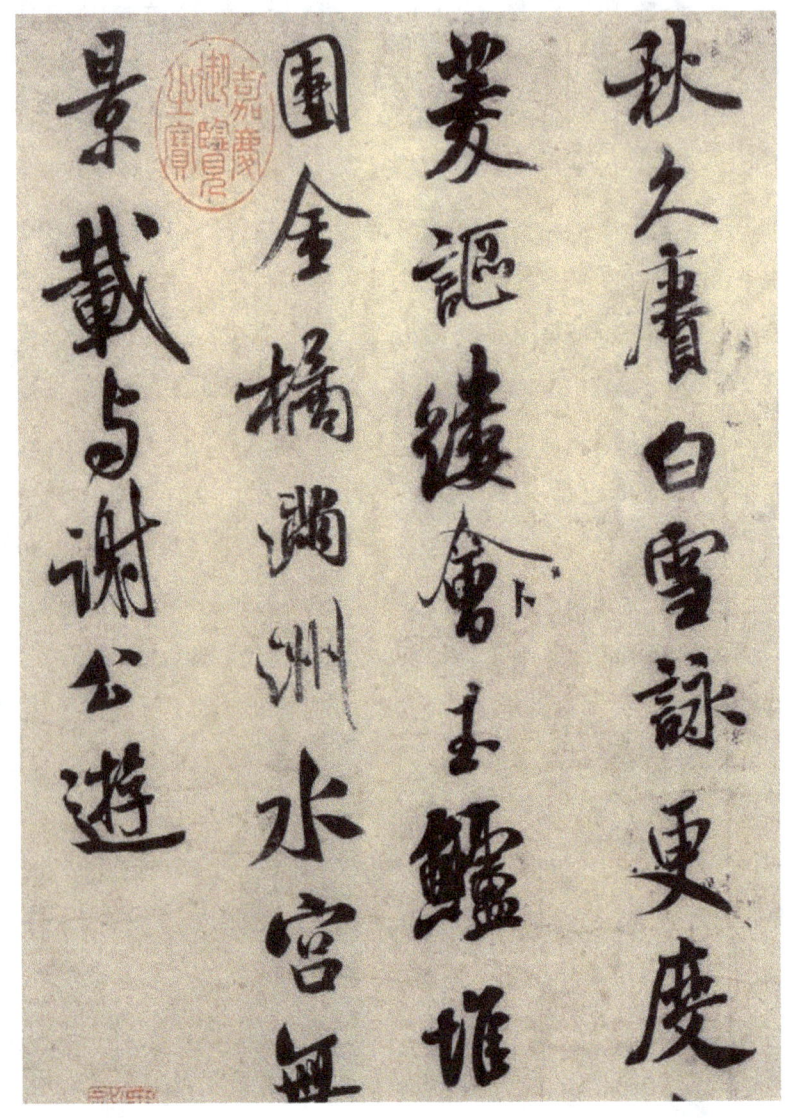

图十二　米芾《苕溪诗卷》局部

康熙《上饶县志》卷十）。同时还有了较细致的分工，如"每槽四人，扶头一人，舂碓一人，检择一人，焙干一人"（《铅山县志·食货志》），这种生产规模和雇用工人的生产方式，已经突破了一般家庭作坊的范畴。

明代还研制出不少著名的加工纸。如宣德年间创制的"宣德笺"（或称宣德贡笺），与"宣德炉"等齐名。宣德笺有金花五色笺、磁青笺[图十三]、羊脑笺、素馨纸等，多

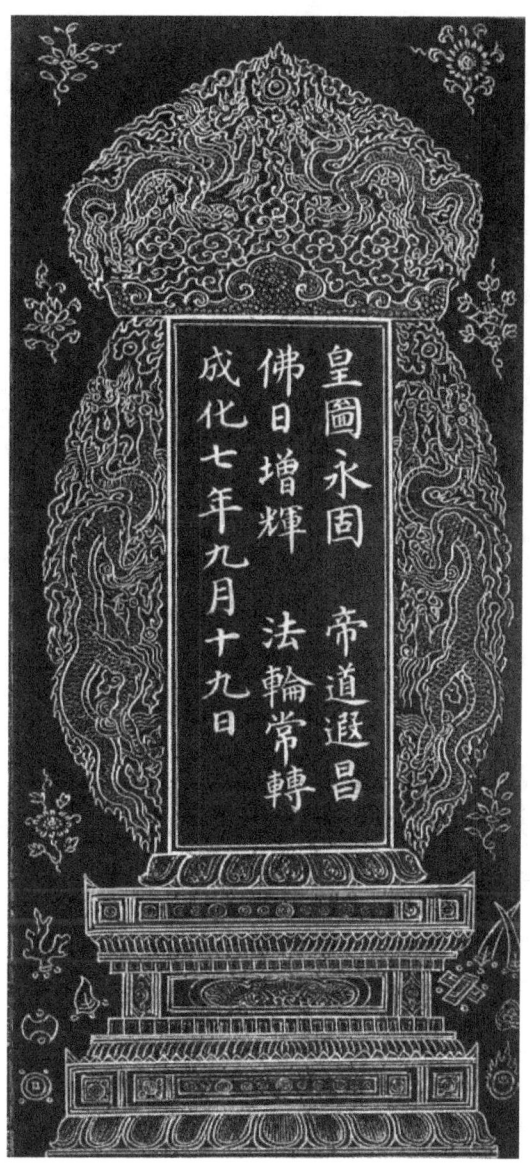

图十三　明宣德磁青笺

供内府御用。宣德贡纸以造纸家陈清（1395—1460）印记的为最佳。明文震亨（1585—1645）所著《长物志》云："吴中洒金纸，松江谭笺，俱不耐久，泾县连四最佳"。[10]连四纸后来发展为生"宣纸"，为书画家所喜爱。此外，明代还曾仿制过前代的一些名纸，

（10）见《长物志·考槃余事》，文震亨、屠隆著，浙江人民美术出版社2011年版，P119。

如唐薛涛笺,宋金粟山藏经纸等。关于加工纸的制作方法,屠隆《考槃余事》、冯梦祯《快雪堂漫录》以及高濂《遵生八笺》等著作都有一些记述。

明代苏州等地有一种洒金笺也名重一时。明初洒金笺是大块洒金,中期是小块洒金、晚期多泥金。泥金色有数种,明中期较明亮,晚期偏红,清初偏黄。现在常见的明人书金笺扇面,即此种泥金纸。明晚期书画家爱用绫本,王铎、倪元璐、黄道周、傅山等等,多有使用绫本和绢本的作品传世,尤其王铎多用。这种绫本在清中期之后渐渐退出。(图十四、图十五)

明末清初方以智(1611—1671)所著《物理小识》卷八中写道:"永乐于江西造连七纸;奏本出铅山;榜纸出浙之常山、庐之英山。宣德五年造素馨纸,印有洒金笺、五色金粉、磁青蜡笺。此外薛涛笺则矾潢云母粉者,镜面高丽则茧纸也。后唐澄心堂纸绝少,松江潭笺或仿宋藏经笺,渍荆州连芨褙蜡研者也。宣德陈清款白楮皮、厚可揭三四张,声和而有穰。其桑皮者牙色,矾光者可书。今则棉推兴国、泾县。"清人邹炳泰(生卒年不详)《午风堂丛谈》卷八云:"宣纸至薄能坚,至厚能腻,笺色古光,文藻精细。有贡笺、有棉料,式如榜纸,大小方幅,可揭至三四张,边有'宣德五年(1430)造素馨纸'印。白笺,坚厚如板面,面砑光如玉,洒金笺、洒五色粉笺、金花五色笺、五色大帘纸。磁青纸,坚纫如段素,可用书泥金。(宣纸陈清款为第一。)薛涛蜀笺、高丽笺、新安仿宋藏金笺、松江谭笺,皆非近制可及。"(据嘉庆刻本)

清代造纸业因宫廷用纸的特别考究以及康熙、雍正、乾隆等皇帝的特殊嗜好而尤为发达,其种类、纸质、工艺都超出前朝。清代康熙、雍正、乾隆三代,喜爱汉文化,编辑出史上最为宏观的汇刻《四库全书》,编定了第一步真正意义上的字典《康熙字典》,征集汇总历代书画珍品成《石渠宝笈》(共三篇),收录作品达7757件之多。乾隆帝一生作诗达四万三千余首,辑成《御制诗集》五百余卷,还有《御制文集》近百卷。这类浩大工程,都需要宫廷专用纸张。印刷用纸,主要使用开化纸(图十六)(此纸产于笔者家乡浙江衢州的开化县,是史上最名贵宫廷用印书纸张,但至今尚未找到造纸坊遗迹)和泾县纸。与此同时,各代皇帝特别喜爱书画,尤其是乾隆帝,倾心于创作的同时,着意研究文房用具,包括用纸。由于皇家的特殊权力和资金,调集了全国的能工巧匠,制作皇家用品,同时也仿制了历朝历代的各类精品。内廷设置的"官纸局",掌管宫廷用纸的定制、调度。全国各地的造纸坊皆以能成为贡品而自豪。皇家除了接受各地的进贡外,也专门指定生产某些特殊纸张。皇上有专用纸,即所谓的"御用"品,

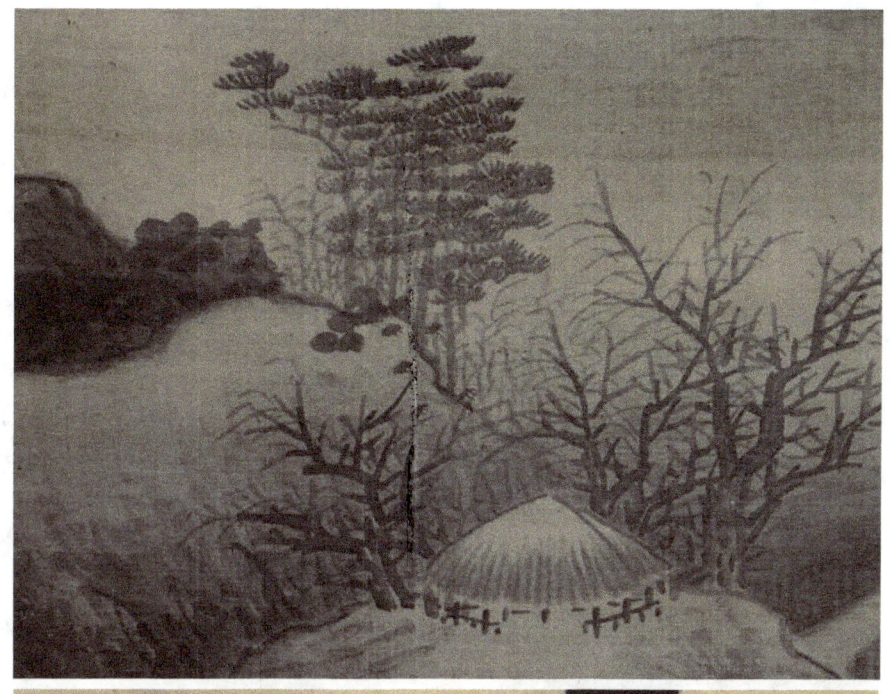

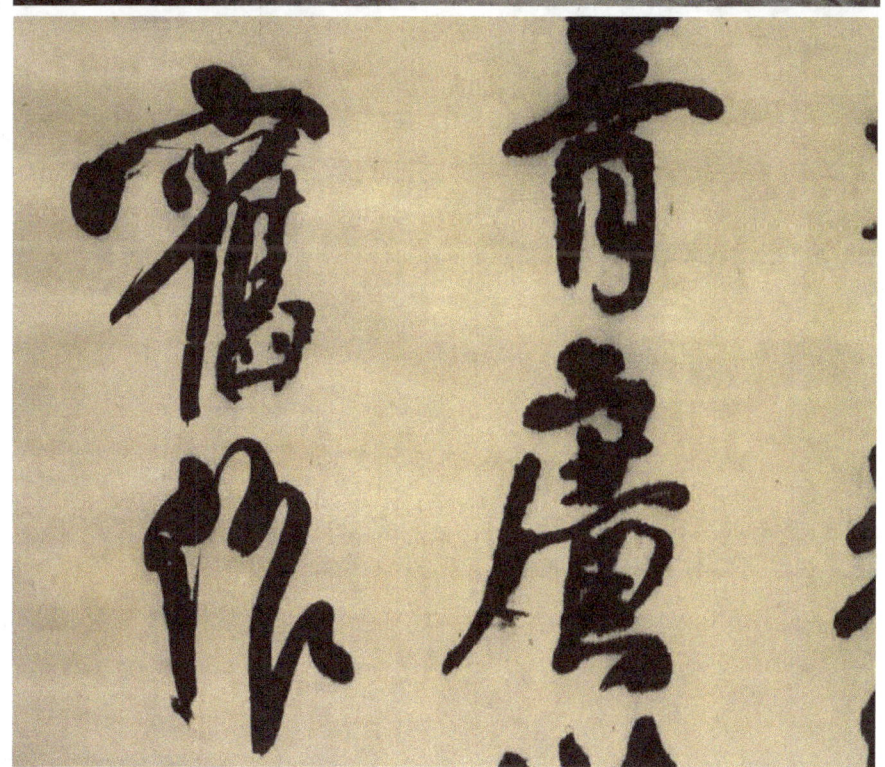

图十四　清龚贤《仿北苑山水》轴局部——绢本
图十五　王铎《行书自作诗》条幅局部——绫本

图十六　故宫博物院藏开化纸（此开化纸涂珊瑚色加药，多用于书画或书籍扉页）

还有朝廷的"官用"品。皇上御用纸，根据需要，有的描上金龙，象征皇权。乾隆仿澄心堂纸、乾隆仿金粟山藏经纸^{（图十七）}、乾隆仿明仁殿纸^{（图十八）}，皆属皇家定制的上乘铭心绝品。康、雍、乾三代的粉蜡笺，如描金银图案粉蜡笺、描金云龙考蜡笺、五彩描绘砑光蜡笺、印花图绘染色花笺等等，使用各色纸，并采用粉彩加蜡砑光，再用泥金或泥银画出各种图案。笺纸的制作在清代已达到精美绝伦的程度。

宫廷书画用笺，还有多种绢本者，如"描金龙戏珠纹绢对料"〔一对中局部，对联用绢^{（图十九）}，采用粉彩加蜡砑光，再用泥金等画出云龙戏珠图案，极具皇家气派。〕其他如"五色冷金绢"^{（图二十）}，笔者所藏品中有巨大尺幅者，宽达三米，工艺极为精湛，薄而细腻，非皇家之力不能成此。"描金宫绢"则富丽堂皇；"描金花卉绢"描绘虫鸟，配以祥云，艳丽雅致。这些绢本笺，适合于书写联句、匾额以及巨幅书法等。

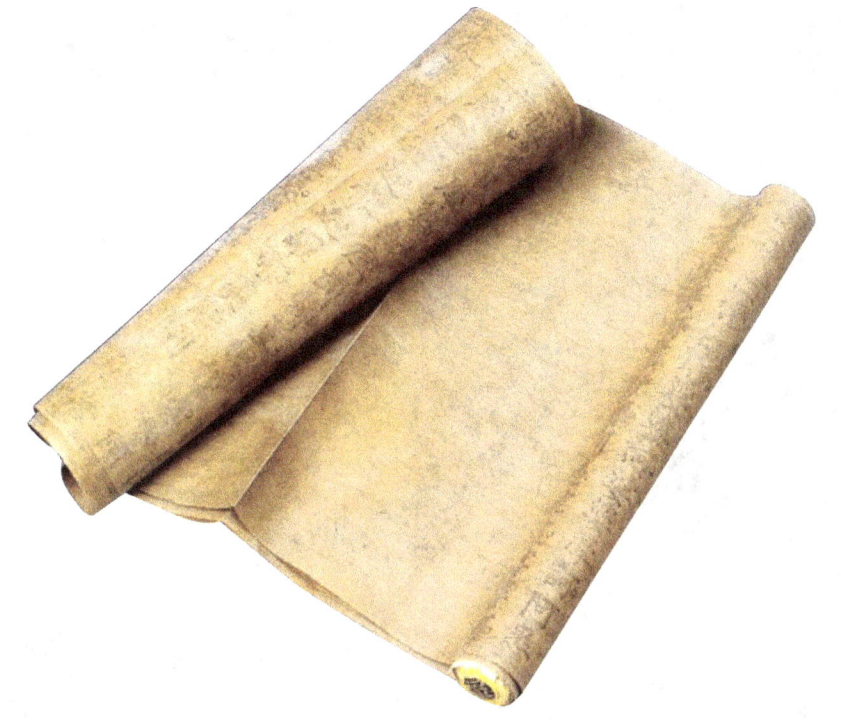

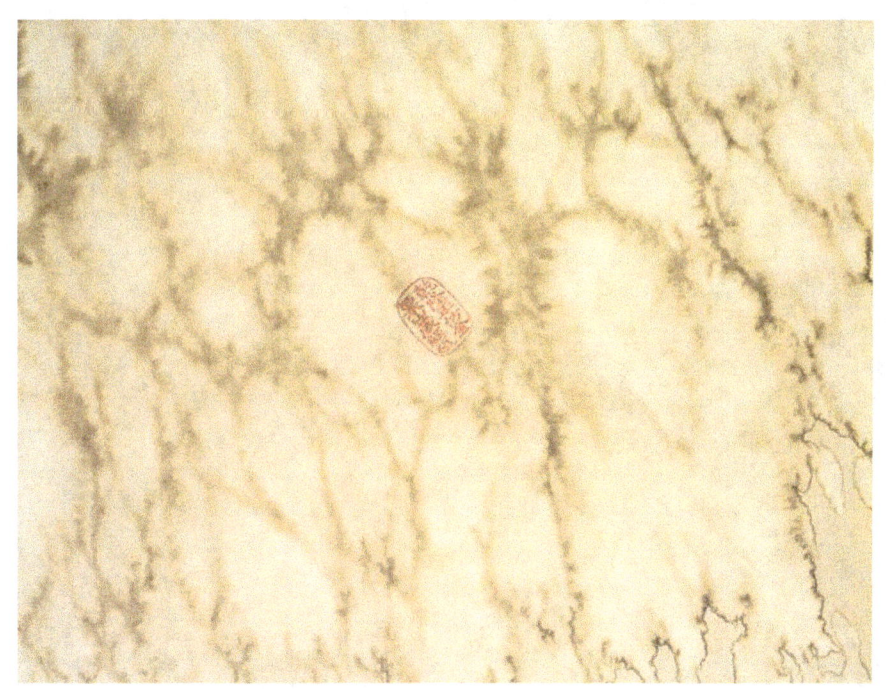

图十七　乾隆仿宋藏经纸

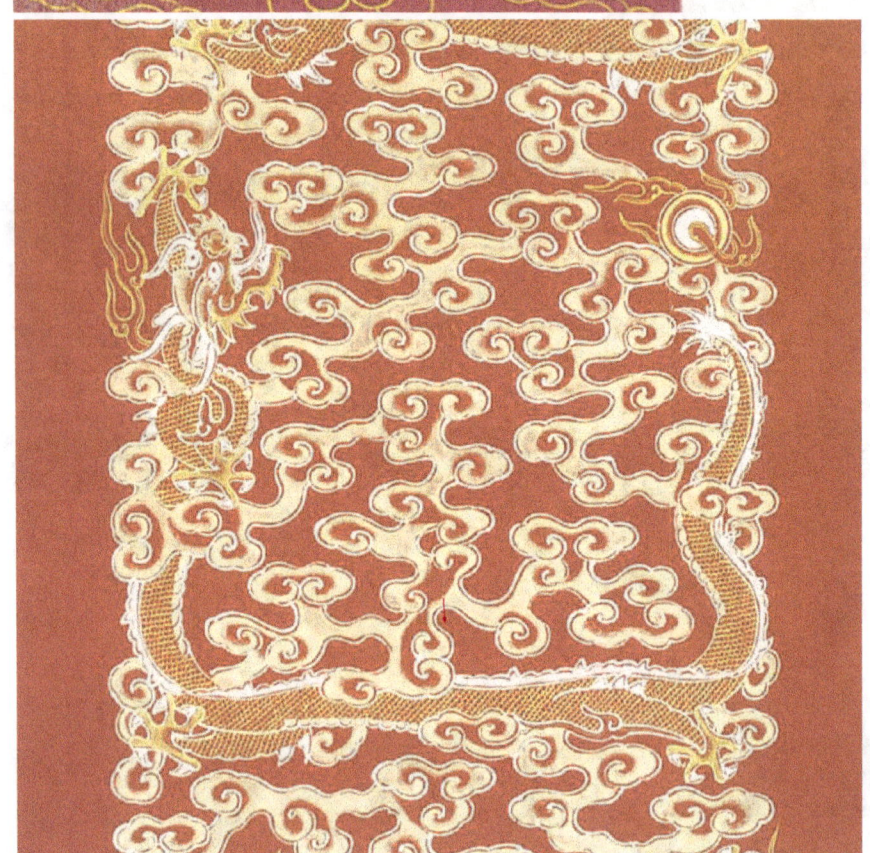

图十八　乾隆仿元明仁殿纸
图十九　描金龙戏珠纹绢对料（局部）

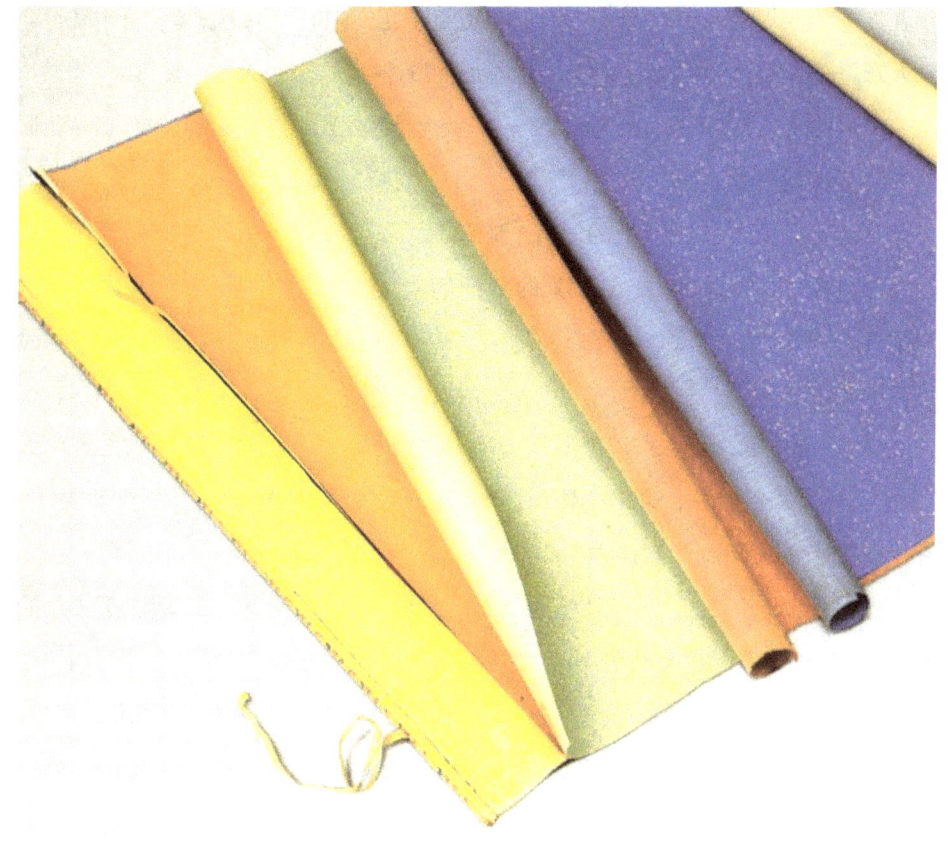

图二十　五色冷金笺

　　上行而下效，民间用纸也因需求量增大而得到长足的发展。特别是宣纸，进入清朝以后，尤其受到书画家们的垂青，从此书画家们的书画作品，以使用宣纸为主。清代书画家人数众多，各式各样的书画作品存世量极大。从这些书画作品本身也可以看出，清代书画用纸的多样和考究。特别是乾隆时期的作品，所用虽非宫廷用纸，也一样用料考究，制作精良。纸张名目繁多，在纸的加工技术方面，如施胶、加矾、染色、涂蜡、砑光、洒金、印花等工艺，都有创新和发展。各种笺纸再次盛行起来，在质地上推崇白纸地和淡雅的色纸地，设色或手描，施以粉彩加蜡砑光，或用泥金或泥银画出各种图案，或印制各种花卉、吉祥图案，鲜明而静穆。

　　清代造纸业在乾隆朝达到顶峰，嘉庆以后，国力开始渐衰，造纸业也因此受到一定的影响。清末逐渐走向衰落。前面提到的开化纸，嘉庆以后虽仍产开化笺，但质量已不能比前三代。而晚清以后，名著一时的宫廷印刷专用纸"开化纸"居然从此消失，现在连遗址都找不到。清光绪十二年（1886）泾县皮纸在巴拿马万国博览会上获得金质奖章。这说明当时的纸质还不错，但之后却没有得到发扬光大。

民国以后，战乱不断，民不聊生，造纸业更是因外来文化的侵袭而难保自身，很多传统造纸业因此而荒废，传统抄纸工艺师有的也断了代。一份资料显示，民国时期的印刷用纸，因受西洋造纸业的影响，制造了大量劣质纸张，致使几十年后的现在，已经开始风化，很难保存住民国时期的文书资料。当时制浆工艺落后、所用的化学试剂酸性比较强，因此纸张酸性强，质量差，保存期短。所以在历代文献的保存中，民国时期文献的寿命最短。

书画用纸方面，稍好于印刷用纸，毕竟消费量有局限，生产方式也主要依赖私人作坊，但由于缺乏清三代皇家雄厚的资本，各地书画用纸的制作也只能走低端路线，生产一些普通书画用纸，勉强维持而已。

"文化大革命"以后，80年代开始兴起书画热，加之大量出口日本等热爱书法的国家，换取外汇，书画用纸开始出现新的生机。宣纸以红星宣纸厂为龙头，生产出了"红星牌"宣纸。创建于1951年的这家国营造纸厂，在"文化大革命"后获得了新生。目前，红星宣纸，可以说是唯一的一家大量使用檀皮制造宣纸的厂家，能延续宣纸的命脉。随着书画人口的增加，社会资本的积累，以及国力雄厚带来的整体基础增强，宣纸的命运或许能比笔和墨好些？这当依靠泾县人的集体智慧和努力。

宣纸以外，适合书画的各地产纸，还有河北迁安的迁安书画纸、四川夹江的书画纸、浙江龙游的书画纸、浙江温州的皮纸、福建的连史纸、毛边纸、元书纸等等，种类不少，但明清盛世佳纸，恐怕已一去不复返了。

另外，中国的造纸术在三世纪初传入越南；七世纪初传入朝鲜、日本、印度；中国晋代开始接受周边国家的贡纸，特别是朝鲜的高丽纸，受到朝廷的欢迎。另外，日本的和纸（图二十一），也为中国书画家们所喜爱。这些从一个侧面，也折射出了中国造纸术对世界造纸的贡献，进而对文化的传承、传播，贡献巨大而深远。

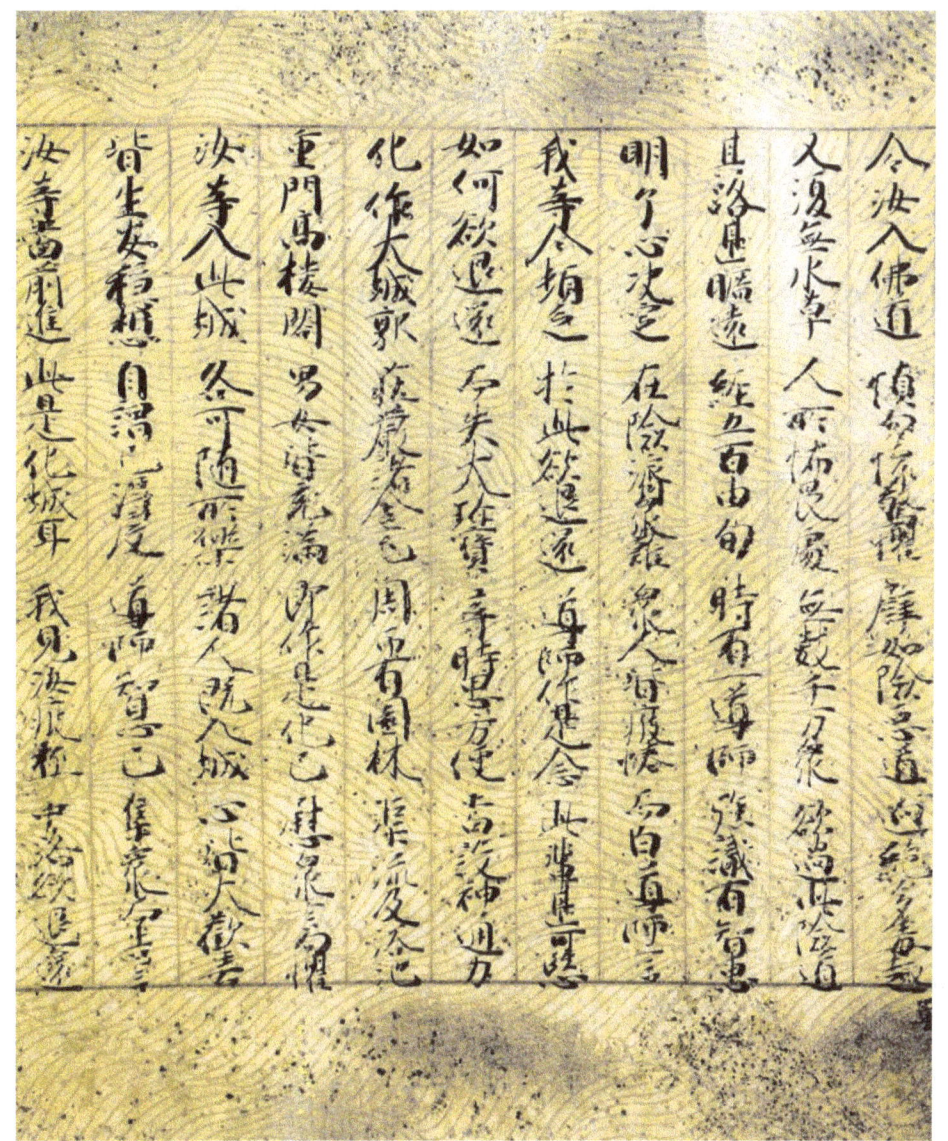

图二十一　日本平安时代水纹洒金纸

附　录
九松园提供藏品目录

文房雅玩一组 / 4
西汉板砚（附螭虎碾子）/ 10
晋多足辟雍砚 / 11
宋龙泉窑青瓷砚 / 12
顾二娘刻黄任铭"修月补天"砚 / 18
沈石友《沈氏砚林》狮砚 / 19
张坑大西洞砚板 / 21
清代琴式端砚 / 22
清中期水归洞仿虫蛀砚 / 23
清代五经堂铭端砚 / 32
王福庵缩刻石鼓砚——第九鼓 / 32
清代"松鹤延年"歙砚（金星、金晕）/ 38
20世纪70年代龙尾山开采出口日本巨型歙砚 / 39
清代制作的龙尾山旧石歙砚（罗纹、水波纹、眉纹、金星）/ 44
晋越窑三足辟雍砚 / 59
清翡翠砚 / 61
宋至明间铁制暖砚 / 63

汉"汉并天下"瓦当砚 / 65
汉钱范砚 / 65
战国墨柱 / 70
赵之谦、胡澍合制墨 / 79
清嘉庆方维甸恭制"棉花图诗"贡墨 / 80
明程季元"赤水珠"墨 / 83
赵之谦丁文蔚合制墨 / 88
20世纪80年代专门为出口日本生产的"铁斋翁书画宝墨" / 90
明代藤编髹朱漆笔 / 109
明代剔红（屈轮雕）堆朱笔 / 109
清代雕漆笔、翡翠笔 / 109
殷墟甲骨（第四期）/ 112
清龚贤《仿北苑山水》/ 129
清王铎《行书自作诗》/ 129
乾隆仿宋藏经纸 / 131
描金龙戏珠纹绢对料 / 132
五色冷金绢 / 133

后　记

2009年，日本书海社理事长谷村隽堂先生约稿，令写一些杂文，以便《书海》杂志连载。其时正致力于文房四宝以及各类雅玩的研究，于是，萌生写一系列文玩文章，也算是对自己学习与研究的一个小结。后来，荣宝斋《艺术品》杂志将创刊，主编杨中良兄邀余撰稿连载，正与《书海》杂志命题一致，于是答应撰写。

本无期数计划，随写随想，随写亦随收雅玩以作图版。而精美宫廷佳制，非一介书生所能购藏，个人收藏图版不能及处只得借用博物馆图版，以便"看图识字"。此实属无奈之举。

每月一期，谈何容易！被逼无奈，硬着头皮往下行文。其中有熟悉，也有并不那么熟悉的内容，现学现卖。读书补课，正所谓"活到老学到老"。内容或有不确定者，少不了臆断，仅供大家作基本知识观，参考而已。

对文玩产生兴趣，并用心于其中，与谷村熹斋先生以及我的恩师韩天衡先生的影响、教导分不开。记得来日之初的1991年底，第一次前往东京西麻布谷村先生府上拜见先生时的情景，拜观了熹斋先生的部分收藏后，到三楼熹斋先生的工作室闲聊。

这是一个充满中国文化氛围的房间，墙上挂着文徵明、张瑞图、王铎、吴昌硕的书法精品，还有一墙的古籍、碑帖，展柜里摆着各种文房雅玩，画桌上放着一只汉代虎镇。至今印象深刻。

与憙斋先生结交于1989年初，在我1991年旅日后，几乎每个月都要见上两次，因为那时谷村先生兼任名古屋的中京大学教授，每月要从东京赶过来上几次课。每次都是我去车站迎接，一起吃中午饭，之后把他送上出租车，每次都有聊不完的话题。谷村先生是全日本书道联盟的副理事长，是标准的中国通，学富五车。在多次交流之后，邀请我去他家做客。

我被憙斋先生家的藏品所震撼。这种感受和我1988年第一次到上海韩天衡先生府上拜见恩师所见到的情形乃至被震撼是完全一样的。他们都是收藏大家，都是收藏历代书画印的同时也大量收藏文房雅玩的综合性收藏大家。不仅数量多，质量也属上乘。

从那以后，我也受到感染，在经济条件允许的范围内，开始慢慢收集。从书画到印章，再到笔墨纸砚、文房雅玩，边学边收藏。记得香港回归前，韩师有一次去香港办展览，在古董市场看到不少秦汉印章，让香港同学通报给我，于是就请老师帮我选购一批，老师不辞辛苦，专门去古董店替我交涉，并让同学替我买好寄来。这对我来说是莫大的鼓励，感激不尽！

我大学的专业是法律，于书画、文玩研究本不精到，只好多读书。从20世纪90年代初至今，奉行"活学活用"之至理，理论与实践相结合，读书工作之暇时闲逛京都、东京、大阪、名古屋古董市场，以有限的资金，选购自己喜爱的雅玩。同好之好友有眠琴山房主人董国强、临江仙馆主人陈大中、鉴印山房主人许雄志等，日本友人高木圣雨、伊藤一翔、谷川雅夫等，多年来相互学习，相互促进。

二十年来，每遇一件心仪之品，便欣欣然，甚至兴奋数日、数月。

一日，在某古玩店见吴昌硕铭文端砚一方，购归九松园。经比对二玄社出版的《沈氏砚林》，确证乃其中之一。《沈氏砚林》共收一百五十六砚，其中有一百二十余砚有吴昌硕砚铭，皆吴门弟子赵古泥手镌，是极为著名的砚谱。这批砚台由沈家公子找钱瘦铁引荐，日本著名画家桥本关雪担保抵押给了日本在上海的银行，后几经周折，全归桥本"白沙村庄"而流往东瀛。桥本留下二十方精品自用外，其他再次抵押给银行，二战后全部散出，现藏日本各地，也有部分已经流回国内，分藏大陆和台湾。余得一方精品，亦三生有幸矣。后拜读相关资料，得知当时还附有吴昌硕致沈石友的二百余页信札，后通过原二玄社总编、书法文化研究家西岛慎一先生查明信札去向，藏家将信札等捐赠给福岛书道美术馆，出版之际应藏家之命为之释文编辑。此信札集透漏的信息量巨大，包括《西泠印社记》的代撰以及《吴昌硕壬子岁以字行》印章的缘由等等，我也因此撰写出了若干篇论文。"玩物绝非丧志"也！

一日，闲逛名古屋中日拍卖预展，突然映入眼帘的是一锭大型墨，这锭大型墨非同小可，在此之前因撰写此连载时选用过图片，此时见实物，不禁惊讶不已。这是方明代著名制墨家罗小华所制的《九锡玄香》墨，一百六十年前从日本的某伯爵家以一百两白银出让，东京艺术大学仅藏有一枚此墨的墨拓，日本文玩专家宇野雪村编辑相关书籍时，好不容易获取图片而未能得观实物，后得半截同型墨，称"一生藏墨无数，此可了矣"。如此重要之墨在名古屋拍卖会出现，只可理解为"冥冥之中"了。次日，经过一番竟拍，终归九松园。王镛先生来游，见而题盒称："天下第一墨。"

又一日，在好友处见周芷岩刻竹笔筒，好友讲述其中因缘，称四十年前某日本著名书法巨匠讲课时曾将此笔筒作为教具展示过，极为难得。我正要撰写笔筒一节，便与好友协商转让。经过半年多的软磨硬泡，终于归让九松园。不久，见旧藏者的哲嗣谈及此笔筒，告知此笔筒系其父亲与友人结交时赠送的信物。西岛慎一先生曾见证此笔筒的转赠，云余：老一辈皆已仙逝，而今有了好归宿，便是因缘。

凡此等等，文玩种类万千，品目难以计数，能因缘而得，何其幸哉！欧阳修《集古录·目序》云："物常聚于所好"！《楞严经》有句："无情何必生斯世，有好终须累此身。"袁枚据此写联云："无情何必生斯世，有好都能累此生。"（见《随园诗话》卷十）历来印人传刻后半句，邓石如、吴让之、来楚生名作历历在目，成为我等印人不朽的命题。余易一字，改为"有好都能乐此生"，王镛先生为题一匾，悬于书房，云："邹涛先生何止一好，其乐几何？"余之所好实多，而脱不出"书画篆刻"，归于一"古"字，以求自身艺术之古气、文气、雅气。

想与我同志向者必定不在少数，此书若能有助于书画艺术家、收藏家们对文房雅玩的理解，进而能避免一些常识性错误的话，则不枉我费数年劳累辑成此十数万言也。

衷心感谢在"玩物"之路上给予我指导的老师们；感谢给予我诸多帮助的好友们！感谢勉为其难被我强行要求转让的兄弟们，还有那些古董雅玩界的朋友们！更要感谢书海社理事长谷村隽堂、荣宝斋《艺术品》杂志主编杨中良，是他们逼着我每月一期终于凑完这本书。特别感谢西岛慎一先生于百忙之际撰文赐序，多有褒扬，读后不免耳根发痒，权当鼓励后进。还要特别感谢上海书画出版社王立翔社长，早早约了稿，让我好放心写完后有出版的地方；感谢责编朱艳萍女士，一直催促我修改定稿，并提出宝贵意见。谢谢大家，没有大家的帮助，我真不知道什么时候才能写得出这本书来。虽然还有很多需要修改完善的内容，但限于自己目前的学识、能力、眼界，先将此付梓，以期就正于广大读者，容在此一并拜谢。

2015年8月吉日于九松园

www.ingramcontent.com/pod-product-compliance
Lightning Source LLC
Chambersburg PA
CBHW082332220526
45470CB00008B/2480